SUPERVISOR DE VENDAS
De empresa fornecedora de produtos para supermercado:
suas funções e principais preocupações

SENAC • Serviço Nacional de Aprendizagem Comercial-DF

PRESIDENTE DO CONSELHO REGIONAL
Adelmir Santana

DIRETOR REGIONAL
Luiz Otávio da Justa Neves

EDITORA SENAC DISTRITO FEDERAL

Coordenador
Luiz Otávio da Justa Neves

Editora-chefe
Bete Bhering (mariabh@senacdf.com.br)

Livreiro-chefe
Antonio Marcos Bernardes Neto (marcos@senacdf.com.br)

Coordenação Editorial
Gustavo Coelho (gustavo.souza@senacdf.com.br)

Equipe da Editora
Bete Bhering
Gustavo Coelho
Nair Ofuji
Luiza Camelo

EDITORA SENAC-DF
SIA Trecho 3, lotes 625/695, Shopping Sia Center Mall - Loja 10
CEP 71200-030 - Guará - DF | Telefone: (61) 3313.8789
e-mail: editora@senacdf.com.br
home page: www.editora.senacdf.com.br

Ficha Catalográfica

CONSELHO EDITORIAL

Ana Beatriz Azevedo Borges
Antonio Marcos Bernardes Neto
Elidiani Domingues Bassan de Lima
Kátia Christina S. de Morais Corrêa
Luiz Carlos Pires de Araújo
Paulo Henrique de Carvalho Lemos
Thales Pereira Oliveira
Verônica Theml Fialho Goulart
Viviane Rassi

NESTA EDIÇÃO

Texto
Maurício Allarcon

Capa, projeto gráfico e diagramação
Gustavo Coelho

Revisão de prova
Nair Ofuji

Fotografia
Maurício Allarcon

Revisão
Editorar

Copyright © by Maurício Allarcon
Todos os direitos desta edição
reservados à Editora Senac-DF.
Editora Senac Distrito Federal, 2017.

A418

    Allarcon, Maurício.
       Supervisor de vendas de empresa fornecedora de produtos para supermercado:
suas funções e principais preocupações / Maurício Allarcon - Brasília: SENAC, 2017.
    280 p. 14x20cm

    ISBN : 978-85-62564-61-1

    1. Logística. 2. Supervisor de vendas. 3. Supermercado. I. Título.

                                                CDU 658.81

Lidiane Maia dos Santos – Bibliotecária – CRB 2284/DF

SUPERVISOR DE VENDAS
De empresa fornecedora de produtos para supermercado:
suas funções e principais preocupações

Maurício Allarcon

Livraria & Editora Senac-DF
Brasília-DF,
2017

AGRADECIMENTOS

Agradeço a Deus por todas as coisas na minha vida. Ao meu pai que nos deixou, porque durante a vida registrou com seus exemplos, marcas de bons princípios que levaremos para sempre conosco. A minha mãe porque passou a vida e até hoje mostrando como se deve fazer as coisas da maneira correta, e nunca deixando que as adversidades passassem por cima das virtudes. Deixo o registro do orgulho por terem sido eles a minha referência. A minha família, filhos, genros e noras, netos e netas, e minhas irmãs, que sempre estão me levando para cima em minha vida. Em especial ao meu tio João Macedo e minha tia Carmem que mesmo não estando mais conosco, estarão sempre em nossos corações.

Família é tudo.

Maurício Allarcon

SUMÁRIO

APRESENTAÇÃO 11
Este livro e seus objetivos 12

CAPÍTULO I
Mercado de trabalho e ascensões na carreira 15
Mercado de trabalho e ascensões na Carreira 15

CAPÍTULO II
Supervisão, perfil e características profissionais 21
O que é supervisão de vendas 21
Perfil do supervisor 22
Ser estrategista 23
Saber suportar o trabalho sob pressão 26
Perfil complementar 34

CAPÍTULO III
Funções e comunicação 43
Principais funções do cargo de supervisor de vendas 43
    Nas relações com superiores, como chefia de vendas, diretoria e presidência: 44
    Nas relações com suas equipes: 51
    Nas relações com seu próprio trabalho: 57
    Acompanhamento das equipes de trabalho. 64
        a) Vendedores 64
    Rcas. 76
    Promotores. 81
    Demonstradores. 90
    Apoio de vendas/administrativo 101
    Participação de feiras e eventos 110

CAPÍTULO IV

Supervisor, desempenho e comunicação. Trato pessoal 115
Como desempenhar bem seu cargo 115
Imagem pessoal e da empresa 125
Suas próprias metas, as de suas equipes, as da empresa 125
Desenvolvimento pessoal, crescimento profissional 126

CAPÍTULO V

Nos clientes supermercadistas 129
    Classificação, departamentos/seções, estruturas das lojas 129
    Classificação das lojas por tamanho 130
    Departamentos/seções das lojas 133
    Horizontalização e verticalização de produtos 149

CAPÍTULO VI

Excelência no atendimento, vendas, marketing e ações da concorrência 153
Excelência no atendimento 153
Vendas, metas e ações no ponto de venda 157
Promoção 165
Relação custo x benefício 167
Política de preços 170
Atenções no mercado 173
O que é merchandising 176
Concorrência: Como agir frente a ela 184

CAPÍTULO VII

Mercado, filial de vendas, equipes, qualidade e custo benefício 195
Trabalhando no mercado. 197
Trabalhando na filial (escritório de vendas) 205
Trabalhando com as equipes (delegando responsabilidades) 208
Bom relacionamento com o seu "rei" 209
Qualidade total no trabalho e algumas ferramentas 210
Cinco S (5 esses) 213

CAPÍTULO VIII
Produtos, logística reversa, legislação e criatividade 217
Manutenção dos produtos 217
Manutenção estratégica de produtos no mercado. 219
Manutenção tática dos produtos na loja. 220
Manutenção de item no mix da filial. 220
Trocas de produtos. Código de proteção e defesa do consumidor 221
Código de proteção e defesa do consumidor 225
Despertanto em suas equipes novas ideias 230
Logística reversa 231

CAPÍTULO IX
Legislação trabalhista 237
Jornada de trabalho 239
Registro de trabalho 240
Segurança e medicina no trabalho 252
Responsabilidade social 259

Glossário - 267

REFERÊNCIAS - 277

APRESENTAÇÃO

Trabalhei durante alguns anos como vendedor , supervisor de vendas, supervisor de desenvolvimento de vendas, coordenador de promoção, entre outras funções, todas dentro da área comercial, em empresas fornecedoras de produtos para supermercados, e pude aprender um pouco sobre esse papel, sempre direcionado a área supermercadista.

Diferentemente do que muitos profissionais de vendas acreditam, o supervisor de vendas trabalha muito e tem muitas responsabilidades. Deve estar atento a todas as mudanças e variações do mercado supermercadista, atender às necessidades das equipes de vendas, promoção, apoio, transportes, e ao administrativo, atender às propostas numéricas das gerências e diretorias, defender seu próprio emprego, e por aí vai.

Não é fácil a função do supervisor. Por isso, as orientações e a experiência em vendas são de grande valia para você que quer atuar nesta área.

Sei que muitos, como eu, tiveram ou ainda têm bastante dificuldade em coletar informações sobre as atividades que envolvem o cargo de supervisor de vendas. Eu mesmo tive que usar muito tato e bom-senso para desenvolver minhas funções, e, com certeza, não consegui êxito na sua totalidade.

É perceptível que várias empresas não têm uma descrição de função para seu quadro de funcionários. Portanto, cada um vai "descobrindo" como executar suas tarefas diárias por si só, ou se utiliza das experiências adquiridas em outras empresas pelas quais passou, fazendo suas adaptações.

Claro que isso não é regra geral, pois existem muitas empresas completamente organizadas, e tem isso bem definido e divulgado entre seus colaboradores.

Independentemente de qual seja a sua situação e empresa, espero que, com as minhas referências, possa ajudá-lo de alguma forma.

Para dar sequência a este trabalho, vou seguir a mesma linha do livro *Além das Gôndolas*, no qual falo sobre Promotor de Vendas, respeitando, claro, as características que o cargo exige.

ESTE LIVRO E SEUS OBJETIVOS

Longe de mim a ideia de ensinar como trabalhar ou criar uma doutrina de trabalho para o supervisor de vendas. Quero apenas colocar as minhas experiências e pesquisas neste livro, para auxiliar tanto os que já são supervisores quanto aqueles que pretendam investir nessa carreira.

Da mesma forma que tive imensa dificuldade em coletar informações de como desempenhar minhas funções com outras atividades, tive também como supervisor. Ao longo de alguns anos, fui acumulando informações, com as experiências vivenciadas, as quais estão compiladas aqui, com o objetivo de amenizar o "sofrimento" de alguns profissionais que estão ou estarão na "luta" diária no ramo.

Espero mesmo poder contribuir, porque, infelizmente, muitas empresas continuam colocando seus funcionários no mercado de trabalho com pouco ou nenhum treinamento. Até parece que é um teste. Aquele recém-contratado ou promovido que não conhece sobre o cargo deve ser esperto o bastante para descobrir tudo sozinho.

Com todo o respeito aos treinadores e às empresas que fazem seus treinamentos muito bem e realmente profissionalizam seus colaboradores, existem outras tantas que não o fazem, deixando uma lacuna para a concorrência trabalhar melhor e ganhar mais mercado.

É muito comum ver supervisores que, promovidos de vendedores, ao assumir as novas responsabilidades, foram aprendendo as funções do novo cargo e, ao se adaptarem à nova realidade, destacaram-se com os resultados obtidos.

Não tem volta! Foi promovido, ou "dará certo" ou será demitido.

Por lei, não se pode reduzir cargo nem salário de um trabalhador. Se você for promovido, não há como reverter, se não der certo. Simplesmente você será desligado. Esse é um risco para os dois lados.

Quando a empresa percebe as aptidões de um colaborador para um novo cargo, e existe a vaga – claro que com o auxílio direto do Departamento de Recursos Humanos –, promove-o para mais um desafio.

Então é quando começam os problemas.

O novo supervisor, se não receber treinamento ou recebê-lo apenas de modo superficial, enfrentará o desafio de novas descobertas usando apenas o bom-senso, e deverá encontrar forças para não desanimar diante de problemas às vezes pequenos, porém importantes.

Aqui estão apresentados os assuntos relacionados direta e indiretamente com as atividades do supervisor de vendas de uma forma mais abrangente, mostrando alguns conceitos da área supermercadista.

CAPÍTULO I

Mercado de trabalho e ascensões na carreira

MERCADO DE TRABALHO

No mercado, o supervisor de vendas trabalha, geralmente, em empresas que são fornecedoras de produtos ao comércio varejista. Nesse contexto, estão os pequenos comércios, as mercearias, os mercados, os supermercados, os hipermercados e os atacadistas.

O supervisor de vendas é um profissional que atua diretamente com várias frentes de trabalho, fazendo com que as coisas aconteçam em todas as esferas da empresa relacionadas às vendas. Ele é contratado para fazer frente à comunicação direta entre a sua empresa e seus clientes, bem como inúmeras outras atividades.

Não consigo imaginar um supervisor de vendas apenas supervisionando sua equipe, sem que tenha envolvimento em todas as outras áreas que, de alguma forma, contribuam com os resultados das vendas da empresa.

Se o funil para vendedores passarem a supervisores é estreito, mais ainda o é o de supervisores para outros cargos mais elevados, pelo simples fato de que serão necessários muito menos supervisores que vendedores numa empresa, e serão necessários muito menos gerentes de vendas do que supervisores, e assim por diante.

Quais, então, os profissionais que serão promovidos ou contratados? Os que se destacarem e mostrarem resultados, bem como aqueles que apresentarem maiores aptidões para o cargo e experiências anteriores.

Geralmente, para cada equipe de vendas há um(a) supervisor(a) atuando junto.

Então, existem milhares de empresas fornecedoras, com centenas de equipes de vendas no mercado, e cada equipe necessita de um supervisor. Você é, ou pode ser, um deles.

Esse mercado é grande e promissor; e, como em todo ramo de atividade, existem empresas em que é melhor trabalhar do que outras. Penso que o que vai determinar isso são as expectativas de cada um em relação às empresas. O contato direto dos supervisores com os responsáveis das compras das grandes lojas é cada vez mais frequente, o que exige uma profissionalização mais afinada.

Você deve fazer a sua parte, que o resto vem na medida das oportunidades.

ASCENSÕES NA CARREIRA

A atividade do supervisor de vendas não é o começo da carreira nas organizações comerciais. Teoricamente, ele passou pelos cargos de promotor e vendedor, antes de chegar à supervisão. Existem várias opções, nas empresas, para a promoção a outros cargos, como por exemplo, coordenador de contas, chefia de vendas, gerência de vendas, gerência geral, gerência de filial, diretoria etc. Claro que isso pode variar, dependendo da estrutura organizacional de cada empresa.

Abaixo, vamos ver uma sequência que é comum nas grandes empresas.

São várias as nomenclaturas de cargos nas diferentes empresas fornecedoras, mas o importante mesmo é que é possível progredir, crescer nas empresas como supervisor de vendas, sob duas condições básicas:

- existir uma vaga ou oportunidade num cargo superior dentro da sua empresa;
- haver supervisores de vendas preparados e habilitados para concorrer à promoção.

Estar pronto, no caso do supervisor, quer dizer:
- Se sua empresa exige, para a promoção ao cargo de supervisor de vendas, nível superior, e você não tiver, vá fazer

uma faculdade. O mesmo vale para uma pós-graduação ou especialização.
- Se em sua empresa exigem mudança de endereço, muitas vezes até mudança de estado, para uma promoção, você e sua família devem estar preparados para uma mudança, caso seja a sua escolha.
- Caso em sua empresa seja cobrada uma segunda língua (ou mais), para promoção, e você não tem, vá atrás disso.

E por aí vai: especialização, informática etc. Descubra o que é necessário para você ser promovido e prepare-se. O ideal é que o profissional esteja sempre pronto antes da oportunidade chegar.

O supervisor deverá estar sempre pronto para deixar seu cargo, e sempre com alguém preparado para assumir sua vaga, caso seja promovido. O supervisor deve preparar um ou mais de um substituto, claro que com anuência dos superiores. E sei que isto é meio perigoso, no sentido de que a empresa pode mandá-lo embora e ficar com seu discípulo, mas você tem que confiar em si mesmo, acreditar em seu próprio talento.

O importante é que você possa ser substituído no momento em que a oportunidade aparecer. Se você se tornar insubstituível no cargo, nunca será promovido; e na primeira oportunidade que a empresa tiver, ela o mandará embora. Sabemos que não é regra geral, mas as empresas preferem profissionais com expectativa de melhora.

Se você é daqueles que dá o melhor de si, não há com que se preocupar.

Lembrando que as empresas estão cientes de que é extremamente benéfico para a produtividade que exista, em suas políticas e estruturas organizacionais, um plano de promoção, de cargos e salários, por meio do qual os funcionários possam saber onde estão e aonde poderão chegar, e como farão isso.

O mercado está aberto sempre, e se sua empresa não "enxergar" você, lembre-se de que há muitas outras empresas de olhos bem abertos para tudo o que está acontecendo.

CAPÍTULO II

Supervisão, perfil e características profissionais

O QUE É SUPERVISÃO DE VENDAS

Supervisionar vendas nada mais é do que, aos cuidados da figura do profissional supervisor de vendas, "fazer acontecer".

Fazer acontecer, pelas equipes, tudo o que foi estrategicamente planejado, mais as emergências e os imprevistos, em prol de um resultado calculadamente esperado.

Não é simplesmente acompanhar os vendedores no mercado e avaliar seu desempenho.

A empresa tem inúmeros objetivos, como de produção, metas de vendas, redução de custos, trocas, lançamentos, financeiros, estratégicos, posicionamento no mercado, desenvolvimento de equipes, etc. No meu ponto de vista, a supervisão de vendas deve fazer com que todos os objetivos da empresa se tornem realidade de maneira menos variável possível, ou seja, o mais próximo do planejado. Ao mesmo tempo, deve apresentar e aplicar soluções criativas, inovar, e incentivar novas ideias.

Para que isso ocorra, o profissional que estiver investido no cargo deve ter características próprias para desenvolver essas funções.

Junto com sua empresa, o supervisor irá planejar o trabalho, apoiar e motivar equipes, treinar vendedores, orientar todos sobre políticas, fazer e analisar relatórios, conhecer clientes, dimensionar áreas de trabalho das equipes, montar planos de suprimentos, acompanhar tudo o que estiver sendo executado, vender, e muito mais.

Muitas atividades de um supervisor são inerentes apenas a algumas empresas, e isso pode variar muito de uma para outra.

Vamos falar sobre as atividades específicas de supervisor de vendas no Capítulo III – Principais funções do cargo de supervisor de vendas, e, ao longo dos capítulos, outras atividades que fazem parte do cargo.

PERFIL DO SUPERVISOR

O papel do supervisor é de enorme importância para o bom andamento de todas as equipes que as vendas envolvem, assim como para o resultado financeiro de uma organização, como dissemos anteriormente.

Como não tenho a pretensão de apontar todas as características, vou destacar algumas que dizem respeito ao cargo, para atendimento a supermercados. É claro que muitas delas são comuns a outros tipos de empresas na área que contratam supervisores, mas a intenção é mesmo com mercado supermercadista.

Também é provável que fiquem de fora algumas características que certas empresas podem valorizar para seu pessoal, pois não podemos falar de todas aqui.

Principais características do supervisor

Quando falamos das características do profissional, não podemos imaginar que uma pessoa possua todas elas, e todas de forma completa. O que acontece é que poderemos encontrar profissionais com a maioria delas, e algumas parcialmente.

Se um profissional for um bom líder, motivador, tiver espírito de grupo, sendo, porém, um pouco desorganizado, isso não irá fazer dele um péssimo profissional. Ele apenas não será perfeito, o que nenhum de nós é. Portanto, você que está querendo se tornar um supervisor não deve se preocupar se não tiver algumas das características das quais vamos falar, até porque cada empresa valoriza essa ou aquela característica de forma diferente. Como já foi dito, o que vale para uma empresa pode não ser tão importante para outra.

Vamos a elas:

Ter boa visão de futuro

Penso que essa seja uma das mais importantes características de um bom supervisor de vendas, tanto em função do planejamento de vendas no curto, no médio e no longo prazo, quanto do desenvolvimento de suas equipes de trabalho e da fidelização de seus clientes. Afinal, o mercado é muito dinâmico, e as equipes não podem estagnar, efetuando apenas vendas aos seus clientes. Elas devem evoluir, e a visão e as ações do supervisor é que vão determinar o crescimento de cada uma de suas equipes.

SER ESTRATEGISTA

Se o supervisor de vendas deve ter boa visão de futuro para administrar suas equipes, deve também olhar para o futuro próximo, médio ou longo com visão estratégica para todas as ações que envolvam seu trabalho e de seus liderados.

No meio militar, estratégia quer dizer a arte de planejar operações de guerra. Veja o que diz no Dicionário Aurélio sobre a palavra "estratégia":

> Substantivo feminino.
>
> 1. Arte militar de planejar e executar movimentos e operações de tropas, navios e/ou aviões, visando a alcançar ou manter posições relativas e potenciais bélicos favoráveis a futuras ações táticas sobre determinados objetivos.
>
> 2. Arte militar de escolher onde, quando e com que travar um combate ou uma batalha. [Cf., nesta acepç., tática (2).]
>
> 3. P. ext. Arte de aplicar os meios disponíveis com vista à consecução de objetivos específicos.
>
> 4. P. ext. Arte de explorar condições favoráveis com o fim de alcançar objetivos específicos.
>
> 5. Fig. Fam. V. estratagema (2).

O mercado supermercadista não deixa de ser uma guerra na qual os supervisores, como generais de suas tropas, comandarão todos para vencer, e com o menor número de baixas e menor custo possíveis.

Todos estarão lutando para vender mais e manter a paz fidelizando seus clientes.

Ter liderança

O profissional deverá ter a capacidade de liderar, e não chefiar, várias equipes ao mesmo tempo, pois a equipe de vendas pode não ser seu único grupo a ser conduzido. Poderá haver equipes de promotores, demonstradoras, entregadores, apoiadores de vendas, entre outros. Isso vai variar conforme o tamanho e a estrutura da empresa, a abrangência, o número de funcionários e outras variáveis que podem interferir nesse ponto.

Sem liderança não há resultados positivos satisfatórios.

A liderança irá servi-lo no poder de persuasão, para treinamentos que deverão ser dados às suas equipes, e em diversos momentos.

O bom líder dá exemplos, e uma equipe bem liderada não fará nada além de seguir os passos de seu líder.

Ser autoconfiante

Para que um supervisor consiga liderar seus grupos, é necessário que ele demonstre confiança em si mesmo. É preciso que mostre que sabe e acredita no que está fazendo.

Confiança em si é diferente de arrogância, que, ao contrário, afasta os comandados dos seus objetivos. Tratar com firmeza e segurança, sem perder o respeito.

Ter organização

A dificuldade para coordenar equipes de trabalho será enorme se o supervisor não for organizado. Muitas atividades dependem de informações. Informações estas que são de sua competência. Atividades da empresa, números, metas, planejamentos futuros, funcionários, clientes etc.

Tudo deverá estar muito bem organizado; caso contrário, acontecerão inúmeras falhas, que, com certeza, comprometerão os resultados.

Existem aquelas pessoas que conseguem organizar mentalmente tudo o que deve ser feito e executar tudo, sem perder o foco. Porém, muitos de nós não temos essa capacidade. Então, devemos nos utilizar de ferramentas que nos auxiliem e tornem todas as tarefas possíveis de ser executadas, como, por exemplo: escrever. Quando colocamos no papel o que deve ser feito, o monstro da desorganização torna-se bem menor e, consequentemente, mais fácil de ser combatido. Se a falta de organização é um de seus problemas, procure encontrar maneiras de resolvê-la o mais rápido possível, porque o tempo passa e as oportunidades também.

Ter afinidade com o trabalho com pessoas

Parece estranho falar sobre esse assunto, mas existem pessoas que não gostam de trabalhar com pessoas. Preferem trabalhar com animais, com papéis ou sós. O supervisor terá que, necessariamente, trabalhar com pessoas o tempo todo. Acredito que mais de 60 % do seu tempo de trabalho deverá ocorrer falando com pessoas. E, se não gostar do que faz, não terá êxito no seu dia a dia.

Fazendo o que gosta, ele terá entusiasmo que passará naturalmente para os seus grupos.

SABER SUPORTAR O TRABALHO SOB PRESSÃO

Essa é uma questão muito delicada, porque não há um supervisor sequer que não passe por pressões o tempo inteiro. Pressões que vem da gerência ou da diretoria, para cumprimento de metas; das equipes de vendas e de apoio administrativo, que precisam de informações e decisões o tempo todo; e dos clientes, que dependem dos resultados do trabalho das suas equipes e da sua atenção. Se ele for bastante organizado e disciplinado, reduzirá em muito a probabilidade de pressões desnecessárias.

Independentemente disto, o profissional deverá cuidar-se, para não deixar que a pressão do trabalho interfira no âmbito familiar; porque, se isto acontecer, será mais uma pressão, e de grande importância, sobre a sua cabeça.

Ter capacidade de tomar decisões com rapidez

Se um supervisor tiver que executar apenas uma tarefa, ele o fará muito bem. Se forem duas tarefas, bem também. Mas se forem dezenas de tarefas, e muitas ao mesmo tempo? A diferença está na quantidade e na capacidade do líder em decidir qual atividade priorizar e que decisão tomar para cada uma delas.

Por isso essa capacidade é tão importante no perfil do supervisor, para não se perder nas decisões difíceis.

Saber administrar o tempo

É óbvio que tempo é dinheiro, e o tempo do supervisor é mais do que concorrido. Saber avaliar e conduzir suas atividades é uma habilidade realmente necessária, não só para a empresa, como para a pessoa do supervisor. Ele não poderá, por descontrole do tempo, ter estresses constantes, deixar de cumprir suas atividades ou viver na correria, porque não terá saúde por muito tempo para se manter no cargo. Para a empresa, a organização de um componente pode mostrar a organização de todos.
Pontualidade é uma característica de todo bom profissional.
E o tempo é um custo que não pode ser desperdiçado.

Ter espírito de grupo

Essa característica não é uma tarefa fácil, porque, se todos seus comandados estão longe do alcance dos olhos, como incentivar o espírito de grupo? Os liderados seguem os passos de um líder, e se ele se demonstra seguro com relação à empresa, todos se sentirão seguros também.

Se o supervisor tomar atitudes de espírito de grupo, todos terão a mesma atitude. Por isso é muito importante que o líder tenha essa característica em sua personalidade. Ser um agregador, sempre. Ainda que as pessoas sejam diferentes, como são, a habilidade de lidar com as diferenças e ao mesmo tempo uni-las a um fim comum é uma atribuição do supervisor.

Com uma visão mais abrangente, o supervisor tem contato com diversas áreas de sua empresa, e das quais depende, tais como: Administração, Transporte, Manutenção, Controle de Qualidade, Vendas, Contabilidade, Cobrança, Recursos Humanos e outras. Não há tempo para desvios de pensamentos e emoções. Tudo funciona em sincronia. O supervisor deve ser o elo entre todas elas, sendo um propagador da integração.

Ter capacidade de se automotivar

Com as inúmeras atribuições e suas respectivas dificuldades, o profissional deverá estar sempre se automotivando, superando seus limites, e não demonstrando suas dificuldades pessoais aos liderados. Não é fácil fazer isso, mas é necessário que se busque um equilíbrio constante, para dar conta do recado.

Existem centenas de livros e cursos de automotivação que podem ajudá-lo, se necessário.

Ser motivador

Se já não é fácil se automotivar, é muito mais difícil motivar outras pessoas. Todas as pessoas têm dificuldades, inclusive o líder. Suas equipes são seus espelhos. Se você estiver motivado, eles também estarão. O inverso também é verdadeiro. Por muitas vezes, vi responsáveis por equipes completamente desmotivados e até falando mal da empresa. Como é possível dizer uma coisa para sua equipe e se comportar de forma bem diferente?

O supervisor não pode estimular alguém sem estar estimulado a ponto de todos perceberem isso. O estímulo é contagiante, para mais ou para menos.

Claro que ninguém é de ferro. Todos nós temos nossos momentos de baixa, e é aí que mora o perigo. Aconteça o que acontecer, quando for para o trabalho, é lá que você deverá estar, de corpo e alma. Nós até levamos nossos problemas pessoais para o trabalho e os do trabalho para casa, mas não podemos deixar que eles influenciem um ao outro.

Estou insistindo na própria motivação do supervisor, porque, como já disse, se você for um líder mesmo, seus funcionários o copiarão. Se for um "chefe" (me refiro àqueles que estão num cargo de chefia, mas sem o perfil de líder), seus comandados, quando muito, o obedecerão.

Mostrar que gosta do que faz, da empresa em que trabalha, que confia nos seus produtos e acredita na estrutura, seja como ela for, automaticamente já estará motivando os seus. Também nos contatos periódicos com suas equipes, é muito importante usar palavras de estímulo, encorajamento, elogios pelos feitos em vendas ou ações com os seus clientes, ou reforçar a capacidade do grupo, estimulando seus liderados para que busquem mais de si mesmos.

Temos a mania errada de somente cobrar, cobrar e cobrar... E cobrança é o que realmente todos esperamos de nossos líderes. O que não se espera são reconhecimentos, enaltecimento dos feitos de suas equipes, principalmente em público.

Essas coisas fazem muita diferença no dia a dia, porque o salário, nem sempre cada um consegue percebê-lo – porque recebe, paga as constas e pronto. Já os estímulos é que andam com cada um de nós o tempo todo, com ou sem dinheiro no bolso.

Sim, o dinheiro é importante! Mas com estímulo cada vendedor acaba por fazer, ele mesmo, a melhora de seu salário.

Acredito que uma das coisas muito importante para a motivação é simplesmente ouvir o que cada um tem a dizer. Normalmente não sobra tempo para esses detalhes que deixamos para "nunca" o atender as expectativas dos comandados. Não é difícil fazer isso!

Existem muitas técnicas motivacionais. Portanto, busque informações, faça cursos, treinamentos e o que for necessário para motivar suas equipes.

Ser criativo

A criatividade é fundamental para se resolver grandes problemas.

O supervisor precisará de muita criatividade para encontrar situações de vendas nos momentos mais difíceis, para estimular seus grupos e, principalmente, para sair na frente da concorrência.

Certa vez, conversando com um amigo, ele, numa situação difícil em sua empresa, me contou que havia mudado de endereço, e para um apartamento melhor e mais caro que o anterior. Então lhe perguntei como é que iria pagar as contas, sem dinheiro.

Ele respondeu que não era com dinheiro que ele resolvia os problemas financeiros.

Novamente perguntei... É? E como então se resolvem as contas? Ele respondeu... "Com inteligência"!

Nessa resposta é que pude perceber como eu estava cheio de paradigmas na cabeça. Claro! Com inteligência se resolvem os problemas, e não necessariamente com dinheiro.

Aí entra a criatividade! Esse amigo resolveu seu problema fazendo uma permuta de seus serviços com o proprietário do imóvel alugado, e passou a pagar o aluguel com serviços prestados.

A partir daí, nunca mais tive grandes problemas. Os problemas são grandes quanto mais difíceis forem suas soluções.

Se a criatividade entrar em ação, os problemas se resolvem e deixaram de ser grandes.

Se as vendas são problemas, é porque a criatividade é pequena.

Hoje, pouca gente cria coisas novas. Normalmente as modificamos e melhoramos ideias, adaptando-as às nossas realidades.

É por isso que a troca de informações é muito importante para a criatividade. Muitas vezes um pequeno detalhe que um vendedor comentou numa reunião pode ajudar num projeto de outro componente da sua equipe. Vale também para as equipes de promotores, de demonstradores, de entregadores e as demais.

Você deve estar atento aos comentários e aproveitá-los, para estimular todos.

Estar aberto a mudanças

Paradigma é algo a ser quebrado. Toda mudança é boa, mesmo que não funcione; porque, na pior das hipóteses, se aprendeu que daquela maneira não funciona. E, se funcionar, você ganhou na melhoria dos processos.

Se você não tem isso como característica, não custa nada ir exercitando.

As mudanças também estimulam a criatividade.

Nós não gostamos de sair de nossa "zona de conforto", que é fazer aquilo que fazemos com conhecimento. Nas mudanças, é comum que tenhamos que aprender algo diferente, para fazer diferente. Ora, se não gostamos de mudar, não gostamos de aprender.

Eu acho estimulante fazer coisas diferentes. Também gosto de dar a minha "pitada de tempero" nas coisas que faço.

Os paradigmas estão aí, limitando as pessoas.

Vou para o trabalho quase sempre e viajo de triciclo. Se eu não estivesse aberto a mudanças, não teria conhecido como é bom fazer isso. Como é melhor conhecer os lugares andando por eles e conhecendo pessoas novas. Avião nem sempre é a melhor opção.

Nas tão importantes reuniões com suas equipes, pergunte como seria se tivéssemos que vender de forma diferente. O que seria um atendimento diferente? Como fazer diferente as mesmas coisas? Pode ser que eles fiquem olhando para você com cara de "esse cara pirou", "ih, lá vem ele com mais uma loucura". Mas também é assim que se estimula e que se abrem portas para mudanças.

Tem um ditado popular antigo que diz: "Quem faz o que sempre fez vai ter o que sempre teve". Se quisermos algo diferente, teremos que fazer algo diferente.

Estimule, possibilite, facilite, cobre!

Ter bom-senso

Bom-senso é característica de todo líder. É trabalhar com a razão e para o bem comum. Pensar nas hipóteses e utilizar a que melhor se adapte àquela situação naquele momento.

Sem "tomar partido", pois os liderados acatam bem as decisões não emocionais.

Quando trabalhamos com bom-senso, via de regra é porque já ouvimos tudo o que todos tiveram para dizer, seus pontos de vista, suas opiniões, seus conceitos sobre as coisas. Isso, além de ser muito bom para um líder perante suas equipes, faz com que ele mesmo tenha novas perspectivas, contadas por todos, e quem sabe novos conceitos sobre as soluções.

O bom-senso também se aplica ao aproveitamento das oportunidades que aparecem no mercado constantemente.

Ser ético

Supervisor ético é um supervisor com princípios e valores universais. Com comportamento orientado pelas leis sociais comuns, de maneira a fazer a coisa certa, não prejudicando o próximo. E neste contexto podemos considerar desde os seus colegas, suas equipes e – por que não dizer? – seus concorrentes.

Agindo de maneira ética, o supervisor será classificado como um profissional ético, pois suas atitudes serão percebidas por todos, e assim será tratado e considerado no meio.

O comportamento está também no trato com os colegas, nas instruções de seus comandados. A maneira como você fala com eles às vezes poderá sugerir um comportamento não muito adequado.

Numa loja, os clientes logo percebem qual é o seu perfil ético, desde a maneira de se apresentar, sendo confirmado durante as negociações e finalizando quando da despedida.

Quando se fala em ética, fala-se em comportamento. O supervisor não pode falar uma coisa e agir de maneira bem diferente. E não existe "ética de duas vias". Se você age consigo mesmo de uma maneira, deverá agir com seus grupos com a mesma postura.

A sua postura irá determinar o comportamento de seus grupos. Novamente repito que o grupo é o espelho de seu líder, e aí podemos falar também de seu chefe. Quando o seu grupo está bem, parabéns!, a responsabilidade por essa situação é sua. Assim como se for contrário, algo está errado com você.

Ter moral

Moral vem dos costumes, adquirida no meio em que se vive; é mutável, ou seja, um pouco aberta a mudanças; vem das práticas, sendo imposta pela sociedade; decorre da ética e é cultural.

É preciso cuidado em manter o comportamento moral. Ele mostra seu caráter.

O meio comercial proporciona muitos contatos e relações com inúmeras pessoas. Não se permita confundir os tratamentos gentis recebidos, e não se permita também usar de seu cargo ou sua influência profissional para obter vantagens pessoais.

Lembre-se de que estamos o tempo todo sendo avaliados, como se tivéssemos que provar a todos, em todas as nossas atitudes, a nossa integridade. Fazer o quê? Vamos, simplesmente, nos comportar adequadamente.

Ser disciplinado

As instituições mais antigas do mundo, que são as forças armadas, só existem até hoje em função da disciplina.

O rigor, a sisudez, a hierarquia, entre outras coisas, podem ser, digamos, nem tanto agradáveis, porém, com esse conjunto saberemos que resultados esperar.

O supervisor deverá ser capaz de criar e executar métodos suficientes para não o deixar perder o controle das atividades, bem como não usar mais que o tempo necessário para a realização de cada uma delas.

Na medida em que forem aumentando suas atividades e responsabilidades, mais você deverá ser seletivo com as informações e organizado com suas ações.

Quanto mais atividades você tiver, mais disciplinado deverá ser. Nesse caso, você irá usar outras características que contribuirão para que tudo dê certo, como organização, capacidade para suportar pressão, administração do tempo, espírito de grupo, bom-senso, ética etc.

E tudo isso é suficiente? Não! A seguir, vamos ver o perfil técnico que complementa o profissional.

PERFIL COMPLEMENTAR

O perfil técnico já entra na esfera de qualificação. São as coisas que ele aprendeu no decorrer de seus trabalhos anteriores, envolvendo, direta ou indiretamente, o novo cargo.

Formação em vendas

É o que a grande maioria das empresas exige para contratar ou promover um supervisor. É muito melhor você, além de outras qualificações, ter a experiência de campo com vendas para entender o que acontece nas equipes com a visão do liderado, aí facilita no desenvolvimento do novo cargo.

Conhecimento do mercado

Quando falo em mercado, quero dizer no ramo de atividade, nas lojas, nas características regionais de negociação, no comportamento das pessoas e muito mais.

Será muito difícil executar as atividades sem conhecer o mercado. Digo isso por experiência própria, pois, quando trabalhei como supervisor no Estado do Espírito Santo, só conhecia o mercado do Paraná. Conhecia o ramo, mas não conhecia nada sobre a forma de trabalho e os clientes daquele estado. Minha dedicação teve que ser muito mais acentuada, para que eu pudesse desempenhar bem as minhas atividades.

Vale lembrar que se pode levar um bom tempo para conhecer o mercado de uma região.

Conhecimentos sobre chefia e liderança

No mínimo na teoria. Nem todos tiveram a oportunidade de ser responsáveis por uma equipe algum dia. Supervisão poderá ser a sua primeira experiência. Se for o seu caso, use de muito bom-senso e imparcialidade, e corra para um curso de chefia e liderança, para obter mais informações, mesmo que você tenha facilidade no trato com seus subordinados. Leitura também é uma boa prática.

Buscar informações sobre o assunto poderá ajudá-lo, e muito, na condução das suas equipes, pois existem muitas técnicas que podem tornar seu trabalho mais fácil e agradável, desde que você tome conhecimento delas.

Formação superior

Não conheço mais nenhuma empresa que contrate ou promova um supervisor que não tenha formação superior. Uma faculdade, no mínimo, além de dar boa formação profissional, amplia sua visão das coisas, muda sua forma de ver e de pensar.

Todos têm acesso a faculdades hoje. Existem milhares de instituições de ensino espalhadas por aí. Não estuda quem de fato não quer (salvo raras exceções), e quem não estuda abre as portas do seu cargo para a concorrência, que pode estar na sua própria empresa.

Conhecimentos em informática

Também rotinas administrativas, entre outras, dependerão muito mais das experiências anteriores do que de formação. Por isso, é muito importante acompanhar como funcionam as coisas dentro de sua empresa. Isso dará a você uma visão do conjunto.

O ideal é ter cursos. Porém, treinar digitação e exercitar informática são atividades que podem ser feitas em casa mesmo. Parece óbvia a necessidade de se ter conhecimentos em informática, mas ainda existem pessoas resistentes à informatização e que têm mesmo muita dificuldade com computadores.

Não tem como mudar esta realidade. E isso não tem volta! Crianças nascem teclando! Provavelmente morreremos fazendo isso. Em casa mesmo se pode atualizar o conhecimento. E se tiver filhos, é só perguntar. Eles sabem tudo.

Cuidados Pessoais

Pode parecer desnecessário falar sobre os assuntos que envolvem cuidados pessoais, mas, no corre-corre do dia a dia, muita gente não atenta para certos detalhes que julgo serem muito importantes para o desenvolvimento do seu trabalho.

Organização

Não basta ser organizado no trabalho, mas desorganizado pessoalmente. Aliás, as duas coisas andam juntas. O inverso também é verdadeiro.

Será pouco provável que se consiga organização no trabalho estando desorganizado em casa ou com suas coisas. Uma coisa acaba afetando a outra. E o que importa para nós é o resultado que envolve o trabalho. Se o lado pessoal estiver afetando, deve ser consertado.

Organizar-se é muito melhor para desenvolver todo o seu trabalho. As coisas fluem quando você está em sintonia com seus compromissos.

Como falamos anteriormente, quando você achar que está perdendo o controle, uma boa prática é escrever tudo o que deve ser feito, mesmo na esfera pessoal. Você transfere da sua cabeça para o papel, físico ou virtual, e organiza melhor suas ações. E então perceberá que nem estava tão complicado quanto você pensava.

Organize seus objetos pessoais: carregador de celular, documentos, chave de carro etc. Também seus papéis, relatórios, notas fiscais, prestações de contas, agenda de compromissos, e por aí vai.

Quanto mais compromissos pessoais você tiver, mais organizado deve ser.

Pontualidade

Será que um líder que chega atrasado será respeitado ao cobrar o horário de seus comandados? O que vejo é que, quando um líder não cumpre seus horários, também não cobra dos seus. Então, novamente a equipe passa a ser o espelho do líder.

Outro aspecto é o respeito pelos demais que estão envolvidos com aquele compromisso que você assumiu. Além de perder o respeito, você pode também perder vendas, oportunidades e, em alguns casos, até o emprego.

Lembra-se de quando você era vendedor e estava com um cliente que havia marcado com você às 8h e o atendeu às 10h? Lembra-se do que você pensou daquele comprador? Com todo o respeito aos compradores de lojas, mas muitos dele não nos atendem nos horários marcados; e quando não marcam horário, também nos deixam "plantados", esperando por horas.

Penso que ninguém é obrigado a assumir compromisso algum; mas deve, sim, cumprir o compromisso assumido.

É bom refletir sobre que tipo de exemplo você quer dar ou mostrar para todos.

Programação de atividades

A vida de um supervisor de vendas é extremamente corrida, e não há tempo para improvisos. O bom profissional deve ter suas atividades bem programadas e dentro de uma disciplina, devem ser cumpridas para que isto não afete o trabalho. Quando se tem algo pessoal a fazer e não consegue, aquilo não sai da cabeça e desconcentra para as outras atividades.

O supervisor deve programar suas reuniões com as equipes com antecedência. Programar suas atividades de acompanhamento dos vendedores, promotores, fazer seus relatórios, e tudo mais com o máximo de antecedência. O papel aceita tudo e se você estiver em janeiro quiser marcar as reuniões do ano todo qual o problema?

Marcar nas agendas físicas ou eletrônicas os dias de fazer os relatórios para meses à frente também não faz mal nenhum.

Você pode programar toda a sua vida profissional no papel e ir acompanhando gradativamente, assim você deixará o "HD" do seu cérebro mais vazio para ocupar com coisas mais produtivas e criativas e não perder tempo com atividades mais simples do dia a dia.

É como anotar de uma vez só todos os aniversários dos parentes e amigos em um calendário de mesa, e assim acompanhar todos os dias só olhando para ele. O mesmo vale para os calendários e agendas virtuais.

Acompanhamento do programado

Isso é relativamente simples, desde que bem feito. Se você tem várias atividades a serem realizadas e costuma se atrapalhar um pouco, então comece a acompanhar melhor aquilo que você programou em lista. Quando a lista acabar, as principais preocupações também acabarão.

Num acompanhamento do que deve fazer ou do que foi feito, o supervisor deve ser bem detalhista, para não deixar passar nada. Pegar seus programas de trabalho e acompanha-lo periodicamente, olhando tudo, detalhe por detalhe.

Quando um supervisor acompanha o resultado das ações, fica mais fácil tomar as medidas corretivas, em caso de anomalias ou resultados indesejados.

O que é importante saber é que tudo deve mesmo ser acompanhado.

Estudos e treinamentos

Estudo sempre foi um excelente investimento pessoal. Mesmo com formação superior completa, todo profissional deve estar sempre se atualizando, em todos os sentidos.

O bom dos cursos de curta duração, em uma área qualquer que você conheça, é que eles mostram o que você sabe, só que atualizado.

Cheguei a fazer o mesmo curso de um assunto por três vezes, e nas três aprendi coisas diferentes, pois em cada curso eles mostravam os mesmos assuntos, mas com uma visão diferente e atualizada.

No caso do supervisor de vendas, outro ponto importante são as pesquisas de mercado, que são frequentemente produzidas e devem ser consultadas.

No âmbito de trabalho do supervisor de vendas, e como está direcionado para supermercado, é interessante estar inscrito em *sites* de associações supermercadistas, como a ABRAS, que é a Associação Brasileira de Supermercados (http://www.abrasnet.com.br/), e outras regionais, conforme for seu caso. Veja alguns exemplos no final do Capítulo III.

Redes de relacionamentos

As redes de relacionamentos podem ser boas ferramentas para você trocar informações, conhecer pessoas que possam influenciar seu trabalho, atualizar-se, criar oportunidades, entre outras coisas.

É bom criar um círculo de amizades com os mesmos interesses que o seu. Você pode divulgar seus projetos e ideias, também pode ver os projetos dos seus amigos e compartilhar. Quem sabe não aparecem bons negócios.

Cuidado com o que coloca no seu perfil nas redes sociais. Outras pessoas também irão vê-lo.

Muita gente também se expõe muito e acaba mostrando um lado "não muito agradável" para todo mundo. De qualquer forma, são fontes importantes para criar oportunidades de negócios.

É muito perigoso colocar fotos de churrascadas de finais de semana, com roupas muito à vontade, com imagens de brincadeiras que podem comprometer ou denegrir sua imagem. Lembre-se do comportamento ético e moral.

Aparência física, roupas, cabelo, barba etc.

Mais uma vez vamos falar do exemplo. Já vi supervisor de vendas com a barba por fazer cobrando a barba de um promotor de vendas, sendo que na empresa a exigência é de barba bem-feita. Não acredito que uma barba bem-feita faz de uma pessoa um bom profissional, mas penso que quando entramos em uma organização aceitamos as suas regras de comportamento. Se aceitamos, então devemos cumprir a nossa parte do acordo.

Para as pessoas que usam barba grande, também penso que deve ter o cuidado de apará-la nos cantos do rosto e no pescoço. Uma barba grande bem aparada pode se tornar elegante, mas sem os devidos cuidados você irá parecer um completo desleixado.

E para a mulher o cuidado deve ser ainda maior, porque ela irá trabalhar em um ambiente predominantemente masculino. E deve ir além da "aparência profissional", levando em consideração como ela irá se apresentar e como as outras pessoas irão vê-la.

Vi profissionais que se produziam tanto para melhorar a aparência que acabavam sendo vulgares no resultado final. O profissionalismo deve falar mais alto, sempre.

Você pode estar pensando, que bobagem falar sobre isso, mas vi muitos profissionais completamente relaxados, com aparência horrível, sendo confundido com seus subordinados bem arrumados. E olha que isso não aconteceu uma vez só! Sua imagem conta muito!

Em algumas redes de supermercados há espelhos nos corredores antes das entradas da loja, para que o funcionário se veja e avalie se é assim que ele quer que as pessoas o vejam no seu ambiente de trabalho. Se o que ele vir estiver certo, então entrará na loja.

Podemos fazer isso também. Olharmo-nos com a visão, digamos, um pouco mais crítica, antes de iniciar nossas atividades, principalmente quando estivermos visitando clientes.

Lembre-se de que nas lojas os clientes primeiramente nos chamam pelo nome da nossa empresa, depois pelo nosso. Somos representantes imediatos da nossa organização, tanto para nossos clientes como para nossas equipes.

Se você, supervisor, estiver com sua aparência em ordem, então, sim, poderá cobrar de seus subordinados.

PRECO BAIXO EXTRA
4.19

CAPÍTULO III

Funções e comunicação

PRINCIPAIS FUNÇÕES DO CARGO DE SUPERVISOR DE VENDAS

São muitas as condições que irão dizer quais as funções exatas de um supervisor de vendas nessa ou naquela empresa. Cada empresa tem uma necessidade e um perfil de supervisor diferente.

A maneira de como deve ser feita cada uma das atividades também vai depender da estrutura de cada organização, de como ela trabalha, e tantas outras variáveis. Então, vou descrever as principais funções do supervisor. Vamos a elas:

Gerencial

A função gerencial do supervisor de vendas consiste nos seguintes pontos:

A. NAS RELAÇÕES COM SUPERIORES, COMO CHEFIA DE VENDAS, DIRETORIA E PRESIDÊNCIA:

a.1. Auxílio na elaboração dos planos de metas da empresa e planos de suprimentos.

O plano de metas é a elaboração de um planejamento daquilo que se pretende atingir em vendas.

Estudando o histórico de vendas da empresa, pelo que se tem de informações, pode-se estimar o que é possível aumentar as vendas de uma forma racional de cálculos.

Quanto mais informações houver, mais acertados serão os objetivos e melhores serão os resultados.

Exemplo: Sua empresa tem como meta um aumento de 7% nas vendas durante o período de um ano. Você e suas equipes vêm atingindo uma cota de 4% todo ano, ou seja, 42% a menos do que a meta esperada.

Para se atingir um percentual de quase o dobro do convencional, será necessário fazer procedimentos diferentes do que vem sendo feitas durante os anos anteriores.

Para isso, um estudo bem aprofundado de cada região a ser trabalhada, o perfil das equipes de vendas e outras, de apoio – como promotores de vendas, demonstradores, entregadores, setor de pós-vendas etc. –, as ações da concorrência, com investimento na mídia, mudanças no comportamento dos clientes, entre outras variáveis, são importantes para detectar, em cada cliente, o que é possível fazer para a conquista desse objetivo.

Por muitas vezes presenciei os supervisores empurrarem suas cotas, aos vendedores, de maneira arbitrária, sem uma preocupação mais técnica, no estilo "os vendedores não fazem nada, é só pressionando para que eles trabalhem".

Ora, se não houver um planejamento técnico, onde, se possível todos participarem, então é mesmo um *"empurrômetro"*.

Quando isso é feito, os vendedores são obrigados a transferir essa responsabilidade, simplesmente "empurrando" suas cotas de produtos para seus clientes, sem que de fato tenham feito uma análise de quais produtos venderiam naquela loja, em função do seu perfil, da capacidade financeira, estrutura física, do perfil dos consumidores moradores daquela região etc.

O que acontece é que a empresa "empurra" o seu percentual de crescimento para seus departamentos de vendas, os chefes do setor "empurram" para os supervisores, que "empurram" para seus vendedores, que acabam "socando" os produtos nos clientes.

Os clientes não podem fazer o mesmo nos consumidores finais.

Por fim, os produtos não vendem, acumulam-se nos depósitos, têm o prazo de validade vencido, vão para a troca, atraindo insetos e roedores – e, o que é pior, os vendedores não querem fazer as trocas, ou seja, recolher as trocas, para não reduzir suas comissões do mês.

É bem difícil que um comprador de uma loja, nosso cliente, queira comprar ou depositar sua confiança num vendedor que "empurra" produtos para sua loja e não se preocupa com os resultados de venda da loja.

Se não houver um comprometimento de todos e a responsabilidade com o compromisso, as vendas não crescem.

Bom, vocês já elaboraram seus planos de vendas baseados em fatos e dados, cálculos estatísticos, bom-senso, pesquisas etc.; então é hora de montar seu plano de suprimentos, que nada mais é que colocar no papel o que se pretende vender, para que as fábricas possam produzir, para atender toda essa demanda presumida.

Se o plano de vendas for bem feito, o plano de suprimentos será perfeito.

a.2. Estratégias de vendas e marketing, em alguns casos.

No item anterior, você já estimou o que é necessário vender e já pediu para a fábrica produzir o que será vendido no período. Agora falta determinar o que fazer para realizar essas vendas.

Com toda a certeza, o departamento de *marketing* já elaborou um ou todos os seus planos de *marketing* para as vendas e os lançamentos dos produtos que estão sendo trabalhados.

Então, o trabalho do supervisor fica mais fácil, porque é só seguir o roteiro preestabelecido e colher os resultados.

Num caso assim, o departamento de *marketing*, para trabalhar, promover, lançar um produto, envia para suas filiais ou regionais tudo que deve ser feito com relação àquela ação, como: qual o produto, quantidades estimadas de vendas, região a ser distribuído, perfil dos clientes e dos consumidores finais, materiais de ponto de vendas (MPVs) a serem utilizados nas lojas. Equipes de trabalho, como promotores de vendas, demonstradores, vendedores extras e outras, se houver. Treinamentos para todas as equipes, formas de acompanhamentos do supervisor e do *marketing*, relatórios, cronogramas e fechamentos.

Em algumas etapas, o trabalho do supervisor será intenso e muito importante, principalmente no que diz respeito a recrutamento, seleção, contratação e – o mais importante de todos, em minha opinião – treinamento.

Existem empresas em que seus supervisores não acompanham nada disso; porém, imaginando que pode ser possível, falaremos dessas etapas a seguir.

a.2.1. Trabalho ou ações via departamento de marketing.

- - Informações recebidas sobre uma ação de lançamento de um produto ou promoção predeterminada. O supervisor recebe essas informações e monta um *checklist* para a execução e o acompanhamento de todas as etapas do processo.
- - Junto com as informações devem chegar todo o MPV com orientações de montagem, se for o caso, e uso nos clientes. O cuidado com esse material deve ser enorme, em função de sua importância e dos custos.

- - Distribuição. Todo produto tem um consumidor com seu perfil específico, e provavelmente o departamento de *marketing* mandará tudo bem explicado em relação aos produtos, aos clientes, às quantidades e ao período que durará a ação.
- - Montagem das equipes. Se as equipes de vendas estiverem montadas, é bem provável que seja necessário estabelecer as equipes de promoção e de demonstração, conforme o caso.

Essa é uma tarefa importantíssima, pois o resultado de toda a ação depende das equipes estarem bem estruturadas. O supervisor deverá entender bem a ação que estará sendo praticada e, com o mesmo tipo de visão, montar as equipes. A montagem consiste no recrutamento solicitando candidatos ao mercado, por anúncios ou via agência. Na seleção, as atividades requerem muita habilidade por parte do responsável, porque é quando que se traça o perfil das equipes, e a contratação habitualmente é encaminhada para as agências especializadas.

O treinamento é a última fase antes de colocá-los no trabalho direto. Se for um supervisor que fará o treinamento, este deve ser feito com requintes de profissionalismo. Nesse ponto é que se determina a qualidade das equipes. O treinamento sendo fraco, o que se espera das equipes é um resultado fraco. O inverso também é verdadeiro.

O supervisor deve aproveitar as ações tanto para alavancar as vendas como para "peneirar" os profissionais que estão em suas equipes.

Quando são feitas as ações com pessoal novo, é o momento para compará-los aos funcionários que não estão desempenhando suas atividades como deveriam, e se não for possível resgatá-los, então deve-se trocá-los. Também, é necessário tomar cuidado para não criar um clima de insegurança nas equipes existentes.

Os vendedores terão um papel importante, que é o acompanhamento das outras equipes de promoção e demonstração pelo contato, que, teoricamente, é mais constante nos clientes.

a.2.2. Trabalhos feitos pela regional ou filial.

Quando são feitos trabalhos ou ações que não envolvam o departamento de *marketing* central, estes são elaborados pelas equipes de vendas.

A começar pelo supervisor, que, de comum acordo com as equipes, define os produtos a serem trabalhados e seleciona as emergências para atender as cotas de vendas.

Esses trabalhos são inteiramente regionais. São usados critérios de avaliação bem próprios da filial. Nos relatórios são mostrados quais os produtos menos vendidos e quais clientes.

São verificados quais os recursos humanos, materiais, tecnológicos e financeiros disponíveis para se poder planejar quais ações poderão ser executadas. É a famosa relação custo benefício. É a verificação de quanto se vai gastar para vender o que é necessário.

Nesse caso, o supervisor normalmente se utiliza da mão de obra existente, raramente contratando profissionais extras. São contratados quando toda a sua equipe é terceirizada.

Depois de definidas as ações, usa-se toda a força de trabalho de suas equipes para a conquista de seus objetivos.

Os vendedores serão orientados para cada ação, no que diz respeito à área de atuação (no caso, a sua região geográfica), às quantidades dos produtos, ao *mix* a ser trabalhado, aos clientes que serão direcionados, à equipe de promotores – com novos roteiros, se for o caso –, à equipe de demonstração e ao apoio da equipe de transporte e pós-venda.

Ressaltando sobre o plano de suprimento, que, se for o caso, deverá ser aumentado. Depois dos trabalhos realizados, deverão ocorrer as reuniões de avaliação dos resultados.

Planos de Trabalhos para as equipes

Nos planos de trabalho para as equipes, será dito como serão feitos os trabalhos que foram planejados anteriormente.

Nesse ponto, todas as ações deverão correr paralelamente, como ações de *marketing*: degustações, demonstrações, trabalhos dos promotores, reforços nos planos de suprimentos, se for o caso, apoio nas entregas, treinamentos a todos etc.

Tudo deverá estar em sintonia; caso contrário, corre-se o risco de faltar produtos nas lojas ou haver produtos em excesso e as vendas não acontecerem. Em qualquer situação, o prejuízo é certo.

Tudo dependerá do nível e da quantidade de informações que sua empresa possui, para se elaborar um planejamento para suas vendas. Mas, supondo-se que haja histórico de vendas dos anos anteriores, e analisando as metas da empresa, o plano de suprimentos elaborado, o treinamento e o empenho de equipes de vendas, fica mais fácil elaborar um plano de vendas mais próximo da realidade de uma possível demanda para suas vendas.

Caso não haja histórico de um item ou de grupo deles, ou mesmo o histórico de vendas não seja muito confiável, deve-se trabalhar com o que se tem de mais próximo da realidade. Nesse caso, cuidado para não exagerar nas expectativas das vendas. Todo exagero poderá sobrecarregar as equipes, física e emocionalmente. Se as vendas não acontecerem, haverá um desestímulo entre eles.

De qualquer forma, os planos de trabalho deverão estar de acordo com a capacidade produtiva da fábrica, com a capacidade de absorção dos clientes em função de seus consumidores, com a capacidade das equipes de vendas, e com a capacidade da própria filial ou unidade em receber, estocar, distribuir e atender seus clientes.

Apresentação de resultados

Ninguém poderá saber para onde está indo se não souber onde está. As informações – principalmente as destinadas às equipes, sobre os resultados atuais, com as frequências que forem cabíveis – deverão ser passadas assiduamente às equipes de vendas, para estas se situarem durante o decorrer do período.

Relembrar o planejado, mostrar as vendas de cada um, os percentuais de conquista, até o momento da reunião, e o que falta para atingir os objetivos finais.

No mesmo grau de importância, a direção da empresa, seja por intermédio da chefia ou da gerência, deverá ser informada de todos os dados de vendas.

Essas informações darão subsídios para que a organização acompanhe o planejado e tome as providências cabíveis para correções de possíveis distorções, que, cá para nós, sempre ocorrem.

Você, supervisor, por sua vez, sendo conhecedor dos fatos, saberá em quais pontos deverá imprimir maior esforço corretivo, pois é sabido que, quanto mais informação tiver, melhor será a qualidade das tomadas de decisão.

Reporte de todas as suas atividades, em todos os níveis

Certa vez assisti a um vídeo de treinamento cujo título era "Plano de voo". Esse vídeo mostrava a importância de se comunicar, dando ciência de seus planos às outras pessoas; porque, quanto mais se sabe sobre o que alguém pretende fazer, mais fácil para essas pessoas o ajudarem no alcance de seus objetivos.

O vídeo mostrava que um piloto, para ir de um ponto a outro, era obrigado a preencher um formulário chamado de plano de voo (assim como é na vida real), indicando o horário de saída, de chegada, rota, paradas, altitudes etc. Se, por acaso, acontecer algo no percurso, todos que estiverem sabendo do seu voo logo irão procurá-lo e ajudá-lo no que puderem, dando-lhe, assim, maiores chances de sobrevivência.

Na empresa as coisas são muito similares. Se um colega de área souber que você está fazendo uma ação com um determinado produto que estiver em falta, na primeira oportunidade que ele tiver de conseguir um saldo excedente, em outra filial, irá fazê-lo, porque é conhecedor do seu plano.

Quando todos os colegas sabem onde você está, o que está fazendo, seus horários, plano de metas, então será mais fácil ser ajudado por todos.

Na função de supervisor, não cabe escolha. Se você quiser desempenhar bem o seu papel, informe tudo a todos, e você terá certeza de que, se houver alguma emergência, todos saberão o que fazer e onde encontrá-lo.

B. NAS RELAÇÕES COM SUAS EQUIPES:

É de responsabilidade do supervisor a comunicação, para suas equipes, dos planos da empresa, das estratégias de vendas, das metas a serem atingidas, das cotas coletivas e individuais.

Normalmente, se a comunicação for coletiva, as informações serão dadas em uma reunião com as equipes. Se for individual, serão dadas no decorrer dos trabalhos, à medida que o supervisor for se encontrando com cada membro das equipes.

b.1. O planejamento da estrutura do departamento.

Esse planejamento consiste na definição da quantidade de equipes de vendas que a sua unidade suporta para atender as demandas de seus clientes.

De tempos em tempos, a gerência de vendas, junto com a direção da unidade, deverá fazer um reposicionamento geográfico das equipes de vendas. E, normalmente, as regiões ficam menores e a equipe de vendas aumenta. Isso faz com que o rendimento de cada vendedor diminua, e irá fazer com que cada um se esforce mais para vender mais e aumentar seu rendimento salarial. É óbvio que eles não irão gostar. Mas, independentemente dos "gostares", nas regiões, o número de lojas e o de clientes em potencial, que devem ser trabalhados, vão aumentando, e se os vendedores estiverem acomodados, as vendas também estarão.

Esse será mais um momento de trabalhar a motivação. Esse papel do supervisor é o que vai fazer com que eles se estimulem a buscar mais.

Definidas as novas áreas, com novas cotas para cada supervisor, deverão acontecer as novas cotas dos vendedores.

Eu gosto muito de trabalhar com mapas físicos, para poder desenhar os roteiros, relembrando das ruas, clientes, regiões e dos vendedores para cada uma delas. Hoje se faz muito bem com GPS ou mapas virtuais, mas isso vai depender muito do que a sua empresa tem de recursos para oferecer.

Trabalhei numa empresa em que tive que comprar mapa da região, para que eu pudesse trabalhar, porque nem isso ela oferecia.

Também é importante municiar os vendedores com todo o material possível, para que eles possam desempenhar bem suas funções sem ter que se desgastar com trabalhos desnecessários. Toda energia deles deverá ser canalizada para as vendas.

b.2. Definições de lojas a serem atendidas por promotores.

Por que é importante o trabalho do promotor nas lojas? O trabalho do promotor é que irá manter os espaços conquistados sempre do mesmo tamanho e muitas vezes poderá até aumentá-los. O promotor reduz constantemente os estoques do depósito, mantém limpos os produtos e a área de vendas, dá a manutenção no visual das prateleiras, criando maior desejo de compra por parte do consumidor, reduz o "ataque" da concorrência, aumenta a satisfação e a confiança do pessoal da loja atendida, auxilia na elaboração dos pedidos feitos pelos vendedores, auxilia no controle dos produtos que necessitem de troca, entre outras coisas.

Para poder calcular o número de promotores e as horas a serem trabalhadas em cada loja, deve-se ter a relação de lojas, com seus números de *checkouts* e seu volume de vendas. Então será possível dimensionar o tamanho da equipe de promotores. E se a equipe já estiver definida, a opção é fazer o processo inverso, ou seja, calcular quantas horas todos os promotores podem realizar e dividir esse tempo entre as lojas que deverão ser atendidas.

Uma loja compra uma quantidade "x" de produtos, e baseado nessa quantidade é possível calcular em horas se você irá disponibilizar um promotor ou uma promotora para ela .

Digamos que uma loja compra o suficiente para ocupar o trabalho do promotor por duas horas diárias. Então você irá colocar aquela loja num roteiro de visitas de modo que o promotor fique nela não mais que duas horas.

É difícil dimensionar como fazer esse cálculo, uma vez que cada empresa trabalha com produtos diferentes e com grau de dificuldades também diferentes.

Se a sua empresa, por exemplo, vende presunto, haverá um acréscimo de trabalho para fatiar, embalar, pesar, etiquetar e expor esse produto; diferentemente do que ocorreria com outro produto que demandasse somente seu abastecimento, figurando como um determinado item na área de venda. Caso seja sabonete, por exemplo, é só abastecer. Em muitos casos, nem é necessário obedecer ao PVPS (sigla que significa o Primeiro que Vence é o Primeiro que Sai), porque seria o primeiro que entra é o primeiro que vende, pois os clientes consumidores reviram a área de vendas, tornando-se quase impossível – ou, digamos assim, pouco produtivo – organizar a data de validade deles.

Para uma loja que exija muitas horas de trabalho por dia, o promotor poderá ficar fixo, não havendo tempo para atender outras lojas. Há casos em que se disponibilizam dois ou mais promotores para atender uma mesma loja.

Depois de se dimensionarem as lojas e os roteiros, faz-se em quadro para colocar todos os atendimentos de cada promotor, com a loja, a quantidade de horas a serem trabalhadas e a ordem de visita. É imprescindível lembrar-se de calcular o deslocamento entre uma loja e outra durante o dia, para fechar às oito horas de trabalho.

Abaixo, um exemplo bem simples de um roteiro de promotor, que poderá variar de empresa para empresa.

Promotor:		José Maria					
CLIENTE	ENDEREÇO	2ª	3ª	4ª	5ª	6ª	Sáb.
Super Betha	Praça 7, 543	2h		4h		2h	
Super Alpha	Rua Resende, 8	2h	2h		4h		
Super Ghama	Av. 25 de Dezembro, 33		2h			2h	
Super Tudo	BR 105, km 12	4h	4h	4h	4h	4h	4h

Disponibilizar os promotores mais fortes (fisicamente falando) para as lojas que necessitem de maior esforço físico, e mulheres para as lojas que exijam maior atenção nos detalhes, porque é uma característica delas.

Cada promotor, e o supervisor também, deverá ter seu roteiro de visitas por escrito, para não ter confusões de horários nem desculpas para não atendimento de uma ou outra loja.

b.3. Identificação de produtos para trabalhos especiais.

Se for um caso que necessite de um trabalho especial, com demonstradores e definição de lojas a serem trabalhadas, deve-se reforçar também o plano de suprimentos.

O primeiro contato com essa situação é com o vendedor ou com seus relatórios.

Quando se identifica um produto que não está girando numa loja ou região, sendo que em outras a sua venda está normal, significa que pode ser necessário um trabalho direcionado para aquele produto.

Conversando com o vendedor, ele pode relatar todas as tentativas de fazer girar aquele produto, observando-se os *layouts* da loja, das prateleiras e do próprio produto, assim como as características do consumidor da região, os preços praticados, a presença ou não de promotor, as ações da concorrência (e aí entram também os lançamentos de produtos), então pode ser possível um melhor diagnóstico para a decisão de uma ação especial para um produto ou uma linha dele para um determinado cliente.

Caso seja possível reverter o quadro com demonstração ou degustação, montar um plano com o vendedor, como o conhecimento dos promotores de vendas, para fazê-lo.

Deve-se também comunicar ao departamento de *marketing* e desenvolvimento de produtos, para que este analise o ciclo de vida do produto, caso a queda de vendas esteja na maioria das lojas.

Demonstração é quando se se aborda um consumidor em potencial, oferecendo-lhe um determinado produto, falando de suas características e destacando as vantagens e os benefícios que ele proporciona. Algumas vezes esse trabalho é feito também com distribuição de amostras ou brindes. No livro "Ao lado das gôndolas", também pela Editora SENAC, faço uma descrição detalhada das funções dos demonstradores.

Degustação já envolve o consumo de um determinado produto na loja, também com abordagem do cliente em potencial, falando das vantagens, das características e dos benefícios do produto e sugerindo a compra deste.

Nas degustações que coordenei, acabávamos criando uma demanda de 10% a mais sobre aquilo que havia sido vendido na loja no período da ação; ou seja, se vendêssemos 100 unidades a mais de um produto com relação à quantidade que se venderia normalmente na loja, a demanda passava a mais 10 unidades no mesmo período vendido no tempo da ação.

Existem também as ações programadas pelo setor de *marketing* para demonstração e degustação de novos produtos ou daqueles produtos que receberam um *plus* em suas fórmulas, receitas, embalagens, cores, sabores, quantidades etc. Nesse caso, verificar os clientes que possivelmente podem consumir aquele(s) produto(s) colocado(s) no planejamento para as ações.

Esses trabalhos são bem direcionados e exigem um planejamento bastante estruturado por parte do setor de *marketing*, porque, geralmente quando se lança um produto no mercado, faz-se no país inteiro, e a margem de erro deve ser mínima.

Os relatórios emitidos pelas equipes de vendas subsidiarão as análises e o desenvolvimento de novos trabalhos para outros itens no futuro. Portanto, esses relatórios devem ser feitos com muito cuidado e critério.

Claro que toda ação, seja demonstração ou degustação, exige treinamento; então, lembre-se de colocá-lo no cronograma das ações a serem praticadas.

Nunca permita que uma equipe esteja em campo sem o inteiro conhecimento do produto a ser trabalhado, porque, se a ação não for muito bem executada, poderá trazer resultado inverso do pretendido.

b.4. Planejamento, montagem e execução de reuniões.

Não há nada mais chato que uma reunião para equipe de vendas, porque a característica do profissional de vendas é trabalhar em movimento, falando com pessoas, e uma reunião é "estar parado" o tempo todo e quase sempre não falar.

Então, o melhor a fazer é não deixar que uma reunião se torne entediante. Como? A reunião, por mais simples que seja, deve ser planejada e organizada. Deve-se prever o tempo de discussão para cada tópico, os possíveis imprevistos, e controlar bem os tópicos mais polêmicos. Um cronograma com hora para começar e acabar cada tópico relacionado e o fechamento da reunião.

O ideal é que todos tenham antecipadamente acesso ao cronograma ou à agenda, para que possam se preparar e organizar e também levar assuntos, participando ativamente da reunião.

Respeitar os horários traz mais credibilidade para aqueles que estão coordenando e executando a reunião, o que contribui para o alcance dos resultados finais. Portanto, o supervisor deve ser o primeiro a cumprir os horários, inclusive das reuniões.

Segue abaixo outro modelo bem simples de agenda de reunião.

Agenda da Reunião com equipe de vendas do dia 23/03 – sábado		
Período tempo	Assunto	Quem
Das 8h até 8h10	Abertura	Chefe do Setor de Vendas
8h10 até 9h	Resultados de vendas da semana	Supervisor da Linha Seca
9h até 10h15	Objetivos da semana por área	Gerente da Filial
10h15 até 10h45	Espaço para perguntas	Equipes
10h45 até 11h	Avisos gerais	Supervisores das áreas
11h até 11h10	Encerramento	Gerente da Filial

As reuniões são realizadas geralmente fora dos horários de trabalho de vendas, ou seja, no horário de descanso. Então é mais produtivo que não se estendam os horários com assuntos não muito importantes. A agenda deve, sim, ser respeitada.

C. NAS RELAÇÕES COM SEU PRÓPRIO TRABALHO:

Organização de seus trabalhos e metas pessoais.

Todo supervisor de vendas tem dezenas de atividades diárias, com diferentes graus de complexidade. Muitas vezes fica quase impossível organizá-las mentalmente, então, o ideal é escrever. Colocar no papel todas elas e avaliá-las por grau de importância e urgência, depois organizá-las cronologicamente e executá-las.

Muitos profissionais de vendas estipulam metas pessoais em suas vidas, como "hoje vou ultrapassar em 10% as vendas com minhas equipes", ou "vou visitar hoje 30 clientes com um vendedor". Claro, tudo isto é possível, desde que se organizem as ações.

Bom mesmo é estarmos à frente dos problemas, organizando o melhor possível as tarefas do dia, da semana, do mês, e – por que não dizer? – do ano.

Para um supervisor, organizar suas atividades diárias não é nada fácil, porque muitas delas são assuntos imprevistos, que acontecem no decorrer do dia, comunicados pelas equipes à medida que vão ocorrendo.

Então, se os assuntos são imprevisíveis, é previsível que se guarde um tempo do dia para esperá-los.

Use seu potencial e suas equipes para ajudá-lo a organizar suas atividades. Delegue, passe tarefas auxiliares para seus comandados e explique o porquê e a importância de cada atividade, para que eles saibam exatamente como ajudá-lo.

c.1. Elaboração de relatórios.

Assim como os relatórios dos vendedores e das outras equipes são importantes, o seu também é. Além de ser a fonte de informação formal para a cúpula da empresa, é também o registro histórico do seu trabalho.

Relatório nenhum vale algo se estiver fora do prazo de entrega. Da mesma forma que o supervisor cobra dos vendedores, o supervisor mesmo deve dar o exemplo para seus comandados e mostrar aos superiores que cumpre seus prazos.

Seja relatório de atividades, de ações especiais, de quilometragem ou financeiro, todo relatório é muito importante, por isso foi criado. Cada setor que recebe esses documentos depende deles para dar sequência aos seus trabalhos.

Os relatórios devem ser bem feitos, com bastante critério e responsabilidade.

Para não perder detalhes na hora de confeccioná-los, é bom que o supervisor vá anotando, durante o dia, em sua agenda, informações como o que fez, onde e em que horário, e de preferência alguns comentários dos resultados das ações, para depois repassá-las para o relatório.

Vale lembrar que atrasar a entrega de relatórios não contribui em nada para o crescimento do profissional.

c.2. Planejamentos.

O planejamento é parte estratégica do seu sucesso. Muitos supervisores apenas "apagam incêndios". Acho que eles pensam que, se estiverem sempre correndo, estarão parecendo exímios trabalhadores. É um engano acreditar que estar superatarefado e correndo para todos os cantos é uma postura inteligente.

Certo mesmo é ter as coisas sob controle. Sem aqueles volumes enormes de papel em sua mesa, com seu telefone tocando incessantemente, sendo exigida a atenção por todos, o tempo todo.

Isso é muito bom para quem quer morrer do coração em pouco tempo.

O supervisor deve "super ver" as coisas de maneira que elas estejam sob seu controle, não sob sua tutela. Ele deve fazer com que as coisas aconteçam, e não fazer as coisas.

Para ter tudo sob controle, é preciso se planejar, planejar suas atividades; você em primeiro lugar, depois seus comandados.

Lembre-se de que suas equipes serão o seu espelho. O que você fizer é como eles serão.

Caso você tenha dificuldades no seu planejamento, aperfeiçoe-se, procure estudar – porque, afinal de contas, ninguém nasce sabendo. E se a dificuldade insistir, recicle-se.

c.2.1. Administrativa.

A parte administrativa de um supervisor consiste em organizar, realizar, acompanhar, corrigir as atividades burocráticas que estão relacionadas com as vendas e suas variáveis na empresa.

Formulários, relatórios, pesquisas, correspondências físicas e eletrônicas, prestações de contas, estudos, planejamentos e muito mais, dependendo da estrutura de cada organização.

Pesquisas e cursos sobre organização e métodos são bastante interessantes para essa função.

c.2.2. Financeira.

A parte financeira compreende tudo que envolve dinheiro: pagamentos de combustíveis, de alimentação e outros pagamentos diversos; recebimentos, como pagamentos de clientes que, por alguma razão, o fez para um vendedor ou para o supervisor mesmo, entre outras coisas. Prestações de contas suas e de suas equipes, quando farão seus relatórios, e nestes devem estar anotados recebimentos referentes a combustíveis, alimentação, pagamentos de notas para cobrir custos de ações em lojas, e por aí vai.

Quanto aos acertos dos RCAs, estes são de maior volume financeiro, com notas fiscais e muitas vezes relatórios e ações especiais. Essas são tarefas que exigem atenção muito grande, pois todo cuidado é pouco quando se lida com dinheiro dos outros.

c.2.3. Contábil.

Toda a documentação do financeiro está contida no contexto contábil: notas fiscais, recibos, relatórios etc. São aquelas que você trabalhou no financeiro com suas equipes, recebendo, conferindo, dando recebimento em notas, e muito mais, geraram documentos, os quais devem ser contabilizados na empresa. Então, novo acerto deverá ser feito com a pessoa responsável pela contabilidade.

Nem sempre é o supervisor que faz essa atividade. Em muitas empresas, é o próprio funcionário gerador daquele acerto que fará a apresentação dos documentos e o recebimento dos valores, mas isto varia de empresa para empresa.

Se não for o supervisor que faz os acertos financeiros e contábeis, pelo menos ele deverá fazer o acompanhamento de suas equipes, para não deixar que internamente haja pendências se acumulando.

Acontecendo atraso ou falta de acertos por parte dos funcionários, o supervisor é que será cobrado para consertar isso.

Resta saber qual a regra de sua empresa para a execução dessa tarefa.

c.2.4. Recursos Humanos.

Essa, para mim, é uma das funções mais importantes para o perfeito andamento das atividades do supervisor.

O departamento de recursos humanos faz recrutamento, seleção, contratação, treinamento e demissão de todos os profissionais que entram e saem em uma organização.

Muitas empresas, dependendo do tamanho, têm um setor para cada uma das áreas de RH. Em regra geral, é assim que funciona.

Por que o RH é muito importante? Porque é no RH que seus problemas com seus colaboradores podem ser resolvidos ou iniciados. Se todas as etapas de uma contratação forem bem feitas, você terá, teoricamente, uma excelente equipe de trabalho. Caso contrário, o inverso também é verdadeiro.

O supervisor também pode influenciar em muito os resultados de uma excelente contratação, fazendo parte dos processos. Por exemplo, quando solicitar um vendedor para sua equipe, descrever detalhadamente o perfil do seu profissional mais adequado à sua realidade. O RH vai recrutar.

Para a entrevista de candidatos, o supervisor também poderá participar, entrevistando também os melhores candidatos, para que sejam escolhidos e contratados dentro daquilo que você espera de cada componente da equipe.

Depois da contratação, o supervisor pode novamente interferir, dando o melhor treinamento possível para os recém-contratados ou acompanhando esse treinamento.

Os treinamentos podem ser feitos na empresa, pelo RH mesmo, com pessoal e local próprios para isso.

Pode ser feito em campo, ou seja, com o próprio supervisor ou outro vendedor rodando os clientes e conhecendo a sistemática da empresa. E o que é pior, no meu entender: fazer sozinho. Essa é, infelizmente, a realidade de muitas empresas, que, ou não têm recursos ou não têm conhecimento da importância de um treinamento bem para os resultados de vendas de sua empresa.

Sei que todos irão dizer que não há tempo para treinamento, mas, se o profissional contratado tiver algum problema no campo, você terá que arranjar um tempo para resolver. Penso que é muito melhor e mais fácil treinar.

Já passei por inúmeros treinamentos e pude ver que dois tipos deles são prejudiciais ao bom andamento do processo: o primeiro é aquele treinamento relâmpago, com pinceladas sobre tudo, nem dando ao contratado a oportunidade de tirar suas dúvidas, mandando-o, em seguida, para sua atividade o mais rápido possível. Nem sei se seria próprio chamarmos isso de treinamento.

O outro tipo de treinamento é aquele muito prolongado. Mostra-se muito, fala-se muito, gasta-se muito tempo, e isso faz com que aumente a ansiedade do profissional no início do trabalho, deixando de assimilar todas as informações dadas.

O bom-senso é a chave. Fazer um treinamento racional, com profissionais específicos e direcionados ao cargo que está sendo assumido. Acredito que a participação do supervisor no treinamento é de extrema importância, até para poder avaliar o acompanhamento de suas equipes novas, sabendo o que foi dito, confrontando com o que está sendo feito por eles.

A avaliação de desempenho de seus liderados deve mesmo ser bem racional, sem emoção. Resumindo: bem profissional.

Aí entra outra coisa desagradável de fazer, porém necessária: é a demissão dos "não muito profissionais". Ninguém gosta de executar essa função; mas, como é necessária, não convém protelar, porque, quanto mais o tempo passa, piores ficam as coisas.

É possível que todos tenham uma segunda oportunidade, mas todo líder deve saber a hora de encerrar com um colaborador.

Também não gosto de demissões, mas o resultado de toda a equipe depende da boa qualidade dela. Certamente a sua chefia estará pensando da mesma forma em relação à sua equipe de supervisores.

Conta o Philip Kotler que uma pesquisa feita em 500 empresas revelou que 27% da força de vendas foram responsáveis por 52% das vendas; ou seja, pouco mais de ¼ dos vendedores fez mais da metade das vendas. Analisando por esse prisma, constata-se que um de cada quatro vendedores fez o trabalho de mais da metade deles. Claro que não podemos esquecer que as regiões e os clientes são diferentes para cada vendedor. O que vi nas empresas foi que os vendedores mais ágeis, vamos dizer assim, recebem as melhores regiões, e isso também influencia nos resultados.

Considerando também a rotatividade ou a pequena permanência da força de vendas na equipe, a seleção do pessoal deve ser muito mais apurada.

c.2.5. Vendas (situação já tendo passado pelo planejamento de vendas).

Acompanhamento a campo.

O acompanhamento de suas equipes a campo envolve uma porção de coisas que são importantes para o resultado das vendas. No caso do vendedor, verificar sua aparência física, como roupa, barba, cabelo, material de trabalho, seu veículo, se for o caso, e a forma com que desenvolve suas atividades, tudo dependendo da política da empresa. Organização do tempo, do seu material, do roteiro de visitas. Acredito que até a maneira como ele dirige no trânsito pode influenciar as vendas. De forma direta e indireta, tudo influência nos resultados, e o conjunto de inadequações pode ser fatal para o cumprimento de metas.

Note que ainda não falamos do cliente.

Nos clientes, o vendedor deve estar superorganizado, para que faça um excelente trabalho. Sua pasta, seus equipamentos eletrônicos (não vou citá-los, porque existem inúmeros e cada empresa adota um sistema de trabalho diferente) e até uma simples caneta ou a falta dela mostram a qualidade da organização de um profissional.

Tudo deve ser cuidadosamente considerado: a maneira como ele se dirige ao cliente, os cumprimentos, o que ele pretende em cada visita, quais as pendências daquele cliente, quais as propostas preparadas, seu contato com o promotor daquela loja, a organização das trocas de mercadorias, o conhecimento da área de vendas da loja, suas sugestões de melhorias, a negociação propriamente dita, as promessas com o cliente, o fechamento e o encerramento da visita na loja.

ACOMPANHAMENTO DAS EQUIPES DE TRABALHO.

Como cada empresa adota um sistema de vendas, temos que simular tipos para poder exemplificar.

Imaginemos que os trabalhos sejam feitos por:

A. VENDEDORES

a.1. Acompanhamento a campo.

De duas maneiras diferentes você pode acompanhar suas equipes externas.

A primeira é indo com o vendedor no veículo dele. Nesse caso, você vai conversando e extraindo informações importantes de como ele age individualmente, e vendo como ele trabalha em relação ao que fala.

Fica mais fácil perceber o sentimento dos clientes em relação ao atendimento que o vendedor está dando a cada um no momento da visita. Como existe uma diretriz de trabalho para cada empresa ou supervisão, indo com o vendedor é possível verificar o cumprimento dessas diretrizes.

O bom do acompanhamento junto com o vendedor é que você pode ir corrigindo as possíveis falhas, perguntando motivos para esta ou aquela situação, mostrando alternativas, enfim, apresentando formas de como o vendedor pode ser melhor do que é e como ele pode conseguir melhores resultados.

A outra maneira é indo em separado, ou seja, pegando o roteiro do vendedor e visitando cada cliente. Nesse caso, você terá apenas uma versão de cada situação, pois o cliente dirá o que sente, o que pensa e como está sendo atendido, de uma forma mais livre. Você poderá confrontar as informações em reunião com o vendedor de cada região visitada. Claro que anotando sempre, para não perder as informações e tê-las como histórico.

Acredito que as duas maneiras têm suas vantagens e desvantagens. Penso que o mais interessante fosse fazer das duas maneiras, e em momentos diferentes, conforme o caso.

Se houver muitas reclamações de um determinado vendedor, você poderá visitar os clientes dele em separado, assim eles terão mais liberdade para falar. Se for um acompanhamento de rotina, poderá fazer com o vendedor junto.

Agora, valendo para o todos os tipos de acompanhamento de suas equipes, ainda não falamos de produtos na loja, da exposição, das promoções, da colocação de MPV, quando possível, das ações da concorrência (e, nesse caso, verificar qual a reação do vendedor, o que ele faz para neutralizá-las). Também os preços praticados em relação à concorrência, sem esquecer o seu posicionamento seguindo as diretrizes da sua empresa.

Se estivermos falando das ações do vendedor como agente passivo, devemos analisar sua atuação com relação à proatividade, ou seja, como ele está agindo para sair na frente dos concorrentes.

a.2. Acompanhamento de emissão de pedidos.

Parece que as coisas estão juntas com o acompanhamento a campo, mas a emissão dos pedidos pode ou não estar ligada ao atendimento direto de cada cliente. Exemplo disso é que o vendedor pode emitir os pedidos depois de visitar todos os clientes, se assim a empresa permitir.

Isto vai depender de como a sua empresa adota como critério para emissão de pedidos. Vamos imaginar que seja por meio de um *laptop* ou algo parecido, ou até mesmo manualmente, em papel. O que importa é como cada vendedor fará este serviço.

Vejo hoje as relações *fornecedor X cliente* muito mais para a confiança do que para a agressividade. Como já disse anteriormente, uma venda é um negócio, e que tem que ser bom, em equilíbrio, para as duas partes.

Sendo o vendedor coerente nos seus pedidos, certamente conquistará a confiança de seu cliente, que lhe dará mais liberdade para a emissão daqueles.

Tem vendedor que quer ser o campeão de vendas, e faz com que se acumulem trocas nos depósitos dos clientes, porque a mercadoria não girou o suficiente.

Se o vendedor for agressivo demais e vender um pouco além da capacidade de demanda do cliente, ele perderá a confiança no vendedor, e não deixará que este faça seus pedidos sozinho.

Para mim, agressividade é querer vender mais para cada cliente, porém oferecendo condições para isso, como por exemplo, uma ação especial em cima do produto ou dos produtos em questão, ou degustação, ponto extra, ou outras coisas assim. Eu mesmo cheguei a trabalhar na loja de um cliente num domingo, só para arrumar a área de vendas de maneira que coubessem os produtos que vendi e que chegariam no início daquela semana. O resultado foi superpositivo.

a.3. Verificação das dificuldades.

As dificuldades começam muito cedo, principalmente por telefone. Os clientes ligam reclamando (dificilmente ligam para elogiar) dos vendedores, entregadores, promotores e de todos os outros. A questão é: se o supervisor conhecer os clientes, entregadores, vendedores, promotores e todas as outras equipes, será mais fácil avaliar o que está sendo dito ao telefone.

Nas visitas a campo, o supervisor poderá perceber as dificuldades de cada um envolvido com aquela venda, tanto suas equipes quanto o cliente.

Gosto de pensar que a palavra "dificuldade" tenha o significado de "oportunidade".

Se o seu cliente tem uma dificuldade, você terá uma oportunidade para ganhar um ponto com ele, caso reverta a situação. Se qualquer componente de suas equipes estiver com uma dificuldade, você terá a oportunidade de consertar e também ganhar com isso.

Se as dificuldades forem nas vendas, a oportunidade de aumentar a demanda depende da sua criatividade.

Quando se está andando com um membro de sua equipe, prestar atenção nos detalhes é muito importante, porque são eles que fazem o conjunto.

Saber, por exemplo, se o seu vendedor tem dificuldades em estacionar o carro em alguns clientes pode justificar a demora no atendimento. Essa dificuldade pode ser por não haver vaga fácil ou pela inabilidade de condução do carro. Quanto à vaga, não há muito o que se possa fazer, mas quanto à imperícia do vendedor, você pode sugerir que ele tome aulas de manobras, para facilitar sua vida. Você pode estar pensando: "Que coisa mais estranha um vendedor que têm carro não saber estacionar...". Acontece que já vi muitos profissionais que trabalham de carro e não sabem estacionar. Conheci uma pessoa que não colocava a quinta marcha em seu carro, por puro medo, e o tempo que ela gastava para estacionar era um absurdo.

Até mesmo se o carro do vendedor está segurado pode alterar o tempo de estacionamento, pois ele terá que procurar um lugar bem seguro para estacionar, caso o veículo não esteja. Se ele carrega muito material espalhado no interior do seu carro, dificultando a localização e podendo atrapalhar o início do atendimento ao seu cliente.

Veja que não falamos além do veículo do vendedor. Existem tantos outros fatores que podem comprometer o bom andamento de um excelente atendimento, que fica difícil de descrevê-los todos.

Como o vendedor se prepara para abordar o cliente, seus papéis, as tabelas, a calculadora, se for o caso, o *laptop*, o celular, a caneta etc.

A postura com que o vendedor chega em seu cliente também é muito importante. Como ele está vestido e sua aparência de modo geral. Camisa saindo da calça, cabelo, barba, sua pasta de trabalho...

Pode parecer, mas não é absurdo.

Como ele cumprimenta seus clientes, gírias, método de trabalho, e por aí vai.

Bom, também tem o trato com os produtos vendidos na loja.

Eu, particularmente sou muito crítico e percebo coisas realmente inacreditáveis no trabalho dos vendedores; e, como eu, muitos compradores também.

Para cada dificuldade percebida pelo supervisor, deve ser sugerida uma solução, com o acompanhamento. Tudo em prol de um resultado de vendas melhor. E assim todos ganham.

a.4. Acompanhamento de necessidades.

Necessidades e dificuldades são coisas diferentes. Como vimos anteriormente, podemos dizer que *dificuldades* são aquelas atividades que, por alguma razão, não são executadas adequadamente; e *necessidades* são aquelas que independem de algum tipo de perícia.

Exemplo é o vendedor que não consegue uma boa venda por falha no atendimento da equipe de entrega, que sempre atrasa, sem justificativa. Faltam itens de mercadoria em seus pedidos. O promotor costuma não atender nos dias certos, e por aí vai.

Com relação a necessidades, posso dizer a mesma coisa que disse a respeito de dificuldades: para cada uma o supervisor deverá apresentar uma solução e acompanhar os resultados.

O supervisor de vendas deve atender as necessidades de suas equipes referentes ao RH, principalmente nas questões mais básicas, como salários, férias, adiantamentos, vales transportes, vales refeições, equipamentos de trabalho etc.

---

a.5. Acompanhamento dos preços praticados.

O preço é geralmente um dos "calos" do setor de vendas. A empresa sempre empurrando para cima e os clientes e a concorrência sempre puxando para baixo. A equipe de vendas fica entre a cruz e a espada.

A verdade é que, para sobrevivência da empresa, ela tem os custos totais de cada item e passa para a equipe de vendas, para praticá-los. A equipe de vendas se depara com as dificuldades de mercado, onde os clientes precisam sempre de melhores preços, para melhorar também sua margem de ganhos e sobreviver também.

O fato é que o supervisor deve sempre fazer com que suas equipes de vendas obtenham os melhores resultados de vendas, ou seja, usar o menor número de vezes a tabela de descontos, vendendo mais e atingindo ou até superando suas metas.

Quando um vendedor está com dificuldades e necessidades não atendidas, para que consiga vender aos seus clientes, ele acaba usando a tabela com descontos, para compensar falhas suas ou da empresa.

Por isso o papel de acompanhamento exercido pelo supervisor é tão importante. Se as equipes estiverem trabalhando bem próximo do ideal, a confiança do cliente na aquisição de seus produtos é bem maior.

É como você, que muitas vezes paga até mais caro pela confiança que tem no seu fornecedor, tendo certa garantia do que está comprando.

Existem muitos critérios para usar tabelas de descontos, e não se pode usá-la em todas as situações, porque o vendedor acaba gastando todas as suas condições de negociação, podendo perder para negociações mais importantes.

a.6. Checagem dos roteiros de visitas (tê-los por escrito).

Parece coisa óbvia, mas, para muitos vendedores, montar um roteiro de visitas é coisa de outro mundo. Não é regra geral, mas mesmo os melhores vendedores podem estar rodando desnecessariamente e perdendo tempo de vendas, só por não pararem para organizar ou reorganizar seus roteiros de visita.

Podem ser muitos os critérios para avaliação e montagem de um roteiro de visitas, como:

- tamanho da região a ser atendida;
- número de visitas em cada cliente por semana;
- dias e horário de atendimento dos vendedores pelos clientes, abertura e fechamento das lojas;
- dias de entrega de mercadorias naquela região;
- dificuldade de acesso ao cliente, se for o caso;
- atuação da concorrência na região;
- fluxo de trânsito;
- necessidades dos clientes.

Depois de concluído, o supervisor deve ter em mãos o roteiro de visitas dos vendedores sempre atualizado.

a.7. Checagem da apresentação pessoal.

Como dissemos, os detalhes são importantes em todas as situações de vendas. Um vendedor, a menos que esteja trabalhando em uma região rural, não deve se apresentar muito à vontade em seus clientes. Tive várias oportunidades de ver vendedores trabalhando com barba por fazer, camisa amassada, tênis sujo, até mesmo com olheiras de noitada.

Os compradores irão respeitá-los pelo que eles estão vendo.

É possível acreditar que o profissionalismo de cada indivíduo também esteja relacionado em sua apresentação pessoal. Salvo situações extremas, como um cuidador de recintos de animais em um zoológico, onde sua aparência de fato não é muito importante, a dos vendedores mostra o conjunto de sua empresa.

Não é necessário que o vendedor vá preparado para um desfile de moda, mas que trabalhe de forma adequada com relação aos seus clientes.

O supervisor é responsável por isso também.

É o mesmo para as equipes de demonstradoras. Muita gente pensa que a demonstradora deve estar lindíssima para apresentação de sua empresa, mas é importante lembrar que a demonstradora deve apresentar os produtos, e não a si mesma.

Sempre defendi que a melhor demonstradora é aquela que não chama a atenção para si, e sim para os produtos. Minha medida, quando acompanhava as demonstrações de loja, era dada pelas perguntas que eu fazia a alguns clientes que haviam sido abordados, como detalhes sobre a demonstradora e o produto. Se eles se lembrassem mais do produto que da funcionária, então o serviço estava sendo bem feito. Caso contrário, deveria saber o que estava acontecendo de errado.

No caso dos promotores de vendas, não é diferente. O promotor, além de ter contato direto com o cliente, tem também com o consumidor final.

Lembre-se de que, na loja, para todos que tem contato com ele, inclusive a concorrência, o promotor é chamado pelo nome da empresa, ou seja, é como ele a representa.

Equipes de entrega também têm uma parcela de responsabilidade com relação à sua imagem, porque têm também contato com o pessoal da loja. Para os entregadores há um agravante, que é seu transporte. Os veículos devem estar também em ordem, como veremos a seguir.

a.8. Checagem dos veículos (estado físico).

Todas as equipes que trabalham com seus veículos devem ser acompanhadas. Quanto maior o contato com o cliente, maior deve ser o cuidado.

O cuidado com o veículo pode revelar muita coisa sobre uma pessoa. Um carro com muitas coisas espalhadas, sujo, sem manutenção, pode estar mostrando como o vendedor trata as suas coisas.

Um veículo em más condições irá exigir do vendedor um tempo que ele deveria estar usando para atender os clientes. Não se pode esperar que um carro nunca quebre, mas também não se pode ter um veículo que precise de oficina constantemente.

Racionalmente falando, é mais barato pagar prestação de veículo novo do que oficina de carro velho.

Muitas empresas exigem que, na contratação, o candidato tenha carro novo ; mas, com o passar do tempo, esse veículo vai se desgastando e deixando de ser produtivo. Então, estejamos atentos.

a.9. Acompanhamento do MPV aplicado nos clientes.

Tarefa de alguns, mas responsabilidade de todos.

Não são todos os clientes que permitem a utilização de material de ponto de vendas em suas lojas, mas se sua empresa disponibiliza esse tipo de material, é um item de preocupação constante.

O material de ponto de venda, ou o conjunto dele, deve estar exposto, para auxiliar visualmente as vendas, e se eles não estiver perfeito, irá dar efeito contrário ao desejado.

Sempre que a loja do cliente for visitada, deverá ser vistoriada nos detalhes.

Muitas vezes, coloca-se MPV por alguma ação específica e este lá fica.

Já vi em clientes cartazes de produtos que nem estavam mais em linha, e que ninguém atentou para retirá-los.

Quero lembrar que o supervisor deve verificar até como esse material é transportado pelos vendedores, em seus veículos, porque são materiais muito caros para serem jogados fora por terem sido danificados, por falta de cuidado. Isso é muito mais comum do que se imagina.

a.10. Acompanhamento do trabalho dos vendedores em relação às promoções e às demonstrações.

Os vendedores podem ter, em seus clientes, aliados ou inimigos, conforme for seu relacionamento com esses profissionais.

O vendedor deve ter, nas lojas, o promotor como seu aliado, e por isso deve estar em perfeita sintonia com ele.

Os promotores costumam ter informações preciosas para o vendedor, e muitas vezes são problemas que eles não querem saber, evitando os promotores, reduzindo suas chances de vender mais para aqueles clientes.

O vendedor mais consciente cria vínculos com os promotores e demonstradores nas lojas, e quase sempre são muito auxiliados na melhoria de seus resultados. Esse vínculo deve ser mais profissional que pessoal.

Tente perceber como anda esse relacionamento em cada um dos clientes. Caso não seja satisfatório, você já tem um bom assunto para a próxima reunião com suas equipes.

a.11. Ampliação permanente do *mix* de produtos nos clientes.

Com a sua experiência, você irá perceber se algum item de sua lista poderá ser inserido no *mix* da loja. Caso seja possível, você irá conversar com o vendedor, para saber quais os motivos para que isso ainda não ter acontecido.
Será uma boa oportunidade para você mostrar recursos para que ele possa fazer novas inclusões no cliente.

a.12. Conquista de novos clientes e suas regiões.

Ao acompanhar o vendedor ou saindo sozinho na região dele, verifique, seguindo os roteiros, se existem clientes novos na região, e se estes estão cadastrados no sistema.
É muito comum passarmos por endereços e não observarmos uma loja nova, aberta recentemente, nem outra que fechou na região. Quando estamos muito ligados nas tarefas diárias, seguindo roteiros e mantendo rotinas, podemos cometer algumas falhas.
Tomar cuidado com clientes "novos", que muitas vezes abrem uma loja, enchem as prateleiras de mercadorias compradas a prazo e pouco tempo depois desaparecem, sem deixar vestígios, deixando prejuízos a todos que venderam para eles.
Desconfie de todos os clientes que acabaram de abrir uma loja e estão comprando muito.
Alertar aos RCAs.

a.13. Acertos de contas no financeiro.

Sempre que ocorre uma movimentação de recursos monetários, acaba tendo que se fazer algum acerto documental. Para comprar material para fazer uma ação especial em alguma loja, ou para atender uma necessidade de um promotor com que se tenha tido algum contato, enfim, são inúmeras as situações que envolvem dinheiro, e então se faz necessária a prestação de contas.

É importante que o supervisor não deixe que se acumulem acertos por parte de suas equipes, porque, se alguém deixa de fazer algum, por falta de tempo ou outro motivo, com o acúmulo fica muito mais difícil fechar vários de uma só vez.

Algumas empresas não permitem esse acúmulo. É importante ver qual é a política da sua.

B. RCAS.

Se sua empresa contrata Representantes Comerciais Autônomos, também pode ser de responsabilidade de um supervisor de vendas tanto a contratação quanto o treinamento, o acompanhamento, o desligamento e a substituições desses profissionais.

Embora tenha alguma semelhança, o trabalho do RCA não é igual ao do vendedor contratado para sua equipe. O RCA costuma ter veículo de carga próprio, que faz parte do pacote da contratação. Ou seja, quando ele é contratado, geralmente se incluem o veículo, muitas vezes um ajudante e o próprio motorista, que dirige e faz as vendas.

Vamos ver como é cada um dos fatores a seguir.

b.1. Acompanhamento em campo.

O acompanhamento a campo dos representantes comerciais autônomos é muito parecido com o acompanhamento de um vendedor de sua equipe; porém, eles não são funcionários diretos de sua empresa.

Você também pode acompanhá-los de duas maneiras diferentes, e ambas são de muita importância.

A primeira delas é indo junto com eles, em seus veículos, se houver espaço na cabine, pois comumente os RCAs trabalham com seus furgões ou caminhões de pequeno porte. Caso não o caiba, em função de seus ajudantes ocupando os lugares, o supervisor pode acompanhá-lo seguindo-o com seu próprio veículo, em todas as suas visitas.

Considero a melhor opção ir no veículo, com o RCA, em função de que o supervisor poderá conhecer melhor a maneira de trabalhar de cada um.

Poderá ver também como eles cuidam dos veículos, da carga, da temperatura, se for o caso, dos documentos, como notas fiscais, documentos de cobrança e dinheiro.

b.2. Acompanhamento de emissão de notas fiscais.

O RCA normalmente não emite pedido antecipado. Ele faz o atendimento com as mercadorias no veículo, para pronta entrega.

Ele carrega os produtos no depósito da sua empresa, onde são emitidas as notas fiscais contra ele; e ele, quando faz as vendas, emite as notas fiscais contra os clientes.

Quem acompanha essas emissões? O supervisor de vendas, porque esse acompanhamento faz parte das atividades de suas equipes; também deve ser acompanhada a tabela de preços praticada nos clientes.

Para isso, é evidente que o supervisor deva ter em mãos a respectiva tabela de cada uma de suas equipes. Isso também ocorre eletronicamente, independentemente do equipamento que se utilize.

b.3. Verificação de necessidades.

Assim como suas equipes de vendas têm suas necessidades, os RCAs também têm as suas.

Para cada necessidade, nas vendas, existe um impedimento ou dificuldade. Cabe ao supervisor acompanhar e descobrir as necessidades desses profissionais. Pode ser desde um simples material de expediente, como equipamentos necessários ao desenvolvimento de suas atividades.

Não subestime as dificuldades causadas pelas necessidades, pois um detalhe que pode ser simples para um pode ser de grande importância para outro.

b.4. Acompanhamento das dificuldades.

Como já vimos, as dificuldades são diferentes das necessidades.

Usando a mesma linha de raciocínio da equipe de vendas, as dificuldades são aquelas atividades que, por alguma razão, não são executadas adequadamente, ou seja, se os RCAs têm algum tipo de dificuldade na execução de suas atividades, você deve levantá-la e propor solução imediata.

Quanto menos dificuldades tiverem os RCAs, menos problemas o supervisor terá. Ouvi-los é sempre um bom caminho.

São três as maneiras comuns de ouvir os problemas das equipes. A primeira é por meio dos relatórios, em que eles costumam contar tudo o que se passa em suas rotas de atendimento.

A outra maneira é acompanhando-os pessoalmente. Nesse caso, você pode ver e ouvir todos os problemas e dificuldades. E a terceira maneira é a troca de informações nas reuniões. Nelas alguém acaba sempre falando algo que é comum a todos.

Para o supervisor conseguir manter o respeito de seus comandados, deve sempre cumprir o que prometeu. Se numa reunião, numa visita ou por meio de documento for prometida a solução de algum problema, pois que este tenha mesmo uma solução.

b.5. Acompanhamento dos preços praticados.

Os RCAs são normalmente os que atendem os clientes de maior dificuldade de acesso e em regiões menos favorecidas ou ainda não atendidas pelas equipes de vendas. O não atendimento pelas equipes de vendas não significa que logo os RCAs perderão seus contratos. A contratação destes pode ser uma estratégia de distribuição que pode nunca mudar.

Com relação aos preços praticados, são os clientes de pequeno porte que dão a maior margem nas tabelas de preço, até porque o custo operacional também é diferenciado.

O supervisor de vendas deve estar atento aos preços praticados, principalmente quando o sistema de vendas dos RCAs não for informatizado.

Os preços são cuidadosamente elaborados para essa forma de vendas, porque, se forem baixos demais, desposicionam os produtos e dão pouca margem para o contratado; e se for contrário, ou seja, preços muito caros, irão dificultar as vendas, criar uma enorme lista de trocas de produtos a serem feitas, em função do vencimento dos produtos nas prateleiras.

Pode parecer que não seria da conta da empresa o que o RCA faz com os preços, mas faz muita diferença nos resultados, dependendo da maneira como ele trabalhe.

b.6. Criação e checagem dos roteiros de visitas (tê-los por escrito).

Com os RCAs, os roteiros são muito dinâmicos em função de que as vendas não acontecem no mesmo lugar todos os dias, e eles fazem seus roteiros, muitas vezes, quase que diariamente.

É claro que eles têm seus clientes e suas rotas de atendimento diário, mas, como já disse, seu processo de vendas é muito dinâmico, por causa dos produtos que eles carregam em seus caminhões.

Em determinados dias, eles não estão com o *mix* ideal para venda; então, conhecendo seus clientes muito bem, eles sabem qual cliente compra mais deste ou daquele item do *mix*, mudando seu roteiro conforme sua carga.

Não é a melhor maneira de se trabalhar, mas nem sempre as coisas acontecem conforme o planejado também nos depósitos das empresas.

b.7. Checagem dos uniformes e aparências dos colaboradores.

Acredito que este seja um item muito importante para qualquer empresa comercial. Seus colaboradores devem estar sempre bem apresentados, independentemente se forem do quadro ou se forem terceirizados.

O supervisor deve fazer esse acompanhamento, principalmente se estiverem trabalhando exclusivamente para sua empresa. Nesse caso, eles carregam o nome da sua empresa consigo, para todos verem de onde eles são.

b.8. Checagem dos veículos (estado físico e acondicionamento dos produtos).

No caso dos transportes de mercadorias, é importantíssimo o estado geral do veículo, principalmente se for transporte de perecíveis. Deve-se verificar inclusive o sistema de resfriamento do baú, e como está a temperatura no momento da entrega.

Alguns RCAs, para ganhar tempo, visitam seus clientes de carro, para fazer pedidos e calcular o que necessita levar de mercadorias para entregar.

b.9. Ampliação permanente do *mix* de produtos para os clientes.

O automatismo nas vendas pode ser uma grande pedra para o seu desenvolvimento. Se o RCA quiser aumentar seu *mix* nas lojas de seus clientes, ele deverá fazer alguma coisa diferente para cada um deles.

Com o tempo, vamos nos acostumando a vender sempre a mesma coisa para cada cliente, que não nos damos conta de que temos muitos outros itens que podem ser incluídos nos cadastros de cada um deles. Às vezes é necessário que alguém chame a atenção para isso e ajude os vendedores a vender mais e melhor.

Com o acompanhamento direto, o supervisor deve saber como são feitas as vendas por cada membro de sua equipe, sugerindo novas maneiras de transpor as barreiras.

b.10. Acertos de contas no financeiro.

Via de regra, os RCAs sempre têm acertos de contas a fazer com o financeiro, e isto vai variar de acordo com o que a empresa oferece aos RCAs ou de como é a política de vendas dela.

De qualquer forma, deve ser acompanhada toda a atividade financeira desses profissionais. Uma maneira é perguntando ao departamento financeiro quais as pendências relacionadas às suas equipes, isso quando o próprio departamento faz a cobrança para o supervisor.

O supervisor não deve deixar acumular pendências, porque acabam virando "bolas de neve" e podem terminal mal para o representante e para a empresa.

C. PROMOTORES.

c.1. Acompanhamento a campo.

Também não é diferente do que se faz com relação aos vendedores e aos RCAs o acompanhamento dos trabalhos dos promotores, caso não haja uma pessoa específica para acompanhá-los. Assim sendo, o supervisor deve fazer o acompanhamento mais na loja do que presenciando o trabalho do promotor.

O promotor deixa rastros bem visíveis do seu trabalho; então é só olhar o que ele fez.

Começa pela assinatura nos registros de entrada de cada loja. Feito isso, já no caminho para falar com o responsável pela seção, é só olhar a área de vendas e analisar a situação.

Ver como está o tamanho do espaço destinado aos seus produtos, ver se o FIFO (sigla em inglês, que, traduzida, significa "o primeiro que entre é o primeiro que sai") ou o PVPS ("o primeiro que vence é o primeiro que sai") estão sendo feitos de maneira correta, se existem espaços vazios nas prateleiras, ou se existem "invasores" nos seus espaços. A limpeza dos espaços e dos produtos também conta muito.

Já falando com o responsável pelos promotores na loja, ouça atentamente e anote tudo, para depois repassar ao seu promotor. É muito bom, também, elogiar, se for o caso, porque olhar apenas os erros não dá entusiasmo a ninguém.

Ver também como está o depósito e a situação de seus produtos nele. Se existem trocas a serem feitas e se o promotor esteve cuidando disso corretamente. Ver se ele recebe os produtos quando chegam à loja e qual o tratamento dado àqueles.

Outra coisa é o relacionamento com o vendedor e o pessoal da loja. Tudo deve estar em ordem.

QUAIS AS ATIVIDADES DO PROMOTOR EM UMA LOJA?

Vamos começar pela entrada. O promotor deve, ao chegar à loja, registrar sua entrada em livro que geralmente as lojas possuem para todos os fornecedores. Esse registro serve para saber se o fornecedor mandou mesmo um promotor para aquela loja nas datas e horários prometidos. Serve também para conferência do fornecedor, que é o seu caso, do trabalho do promotor com aquele cliente.

Depois do registro, o promotor deve se apresentar aos responsáveis da loja ou do setor, para que ele seja visto, e ao mesmo tempo tranquiliza-los quanto ao seu trabalho.

Depois de se aprontar, ele deve ir até a área de vendas, para, numa breve organização dos produtos, fazer uma contagem dos produtos faltantes e buscá-los no depósito ou nas câmaras.

Se os produtos necessitarem de alguma transformação, como fatiar, fracionar, ou pesar, isso será feito antes de ir para a área de vendas.

Depois de coletar os produtos para abastecimento, os promotores vão até a área de vendas, para efetuar o abastecimento, respeitando o FIFO ou rodízio dos produtos e colocando os preços faltantes nas prateleiras.

O promotor deve cuidar para não obstruir os corredores com carrinhos e caixas vazias postas nos corredores. Isso compromete as vendas da loja.

Depois de fazer o abastecimento, o promotor deve olhar criticamente para seu trabalho e ver se tudo está correto, antes de voltar ao depósito.

Tudo estando certo, o promotor deve levar os produtos vencidos, danificados ou impróprios para consumo, para separá-los para troca. Se sua empresa não efetua trocas, o promotor deve destinar os produtos impróprios para a lixeira.

Com a área de vendas abastecida, o depósito e as câmaras arrumadas, o promotor deve novamente se apresentar aos responsáveis, para certificar-se de que eles estão satisfeitos, e despedir-se. Deve ainda registrar a sua saída no livro, e só então poderá ir para outra loja, se for o caso.

c.2. Acompanhamento das necessidades.

O promotor é um dos colaboradores que possui muitas necessidades, devido ao fato de seu trabalho estar ligado a inúmeras atividades de outras pessoas. Ele depende do pessoal da loja, dos entregadores, da sua empresa, dos vendedores, dele mesmo e das diversas culturas empresariais que enfrenta todos os dias.

Com tudo isso, o promotor apresenta necessidades de todos os lados. Cabe ao seu superior imediato supri-las, sendo ele supervisor ou outro título que o valha. O importante é não deixá-lo sem atendimento.

c.3. Verificação de dificuldades.

O promotor também pode ter dificuldades diversas, e isso está ligado ao seu desempenho. Ele pode ter necessidade de fazer um curso de *marketing*, no caso de dificuldade em desenvolver algum projeto de promoção. Por causa de uma possível dificuldade de relacionamento com seus colegas, talvez haja necessidade de que ele se aperfeiçoe na área. E por aí vai.

O supervisor deve, com o tempo, conhecer o melhor possível cada um dos componentes de suas equipes, para saber o que esperar de cada um, o que cada um é capaz de fazer ou não.

Atenção e tempo é que irão ajudar o supervisor a atingir esse objetivo.

c.4. Acompanhamento de precificação dos produtos e/ou prateleiras.

Não são todas as lojas que necessitam de que seus produtos sejam precificados. Esse setor está cada vez mais informatizado.

Praticamente não se vê mais loja que não esteja com seus sistemas de controle informatizados. Porém, existem algumas situações em que a precificação se faz necessária, como, por exemplo, uma promoção que não permita alterações no sistema, ou quando se pretende chamar a atenção dos clientes com relação a um preço específico; então entra a figura do promotor e sua etiquetadora.

Mesmo não sendo algo tão habitual, as empresas costumam ter padrões de etiquetagem para não ferir o código de defesa do consumidor, como, por exemplo, não colocar preços cobrindo informações importantes sobre o produto em questão.

Não se deve colocar preços onde seja difícil a visualização ou que fiquem em contato com a prateleira ou qualquer outra coisa que venha a danificar a etiqueta.

Também não se pode deixar dois preços num mesmo produto, principalmente se forem valores diferentes, porque, pelo código de defesa do consumidor, sempre vale o menor preço. A menos que seja uma promoção, para mostrar o preço normal e o preço promocional, isso não pode ocorrer.

Muitos anos atrás , quando havia inflação forte, os preços dos produtos mudavam quase que diariamente; então a etiquetadora do promotor era sua ferramenta mais importante. E naquela época essa atividade era mais difícil, porque as etiquetas foram feitas para não ser retiradas. Então, quando havia remarcação, era "uma luta".

Outro aspecto é o acompanhamento dos preços praticados pela loja. Quando o supervisor está sintonizado com as tabelas, poderá identificar qualquer anomalia no momento em que encontrá-la.

Se estiverem para baixo o cliente fica com prejuízo, ou se para cima os produtos não rodam, prejuízo também.

c.5. Verificação das opiniões dos clientes em relação ao trabalho de promoção.

Num primeiro momento, o supervisor já deve ter opinião sobre cada um dos promotores, formada a partir de informações vindas dos vendedores e de sua própria observação nas lojas. Mas é importante conferir como está a imagem do promotor na loja. Para isso, basta perguntar aos clientes e confrontar com o que se observou *in loco*.

Vivenciei situações em que o trabalho do promotor não era lá tão bom, mas ele tinha tanta amizade na loja, que todos diziam que gostavam do seu trabalho. E o inverso também acontecia. O trabalho do promotor era muito bom, porém, ele não tinha um bom relacionamento pessoal, e todos diziam que seu trabalho era ruim. Por outro lado, não era tão bom assim, mesmo porque o relacionamento interpessoal é muito importante para quem lida com clientes.

Seja lá como for, o supervisor deve identificar essas situações e procurar revertê-las, porque o seu objetivo são as vendas. As duas situações podem prejudicar os resultados numéricos, e isso não pode acontecer.

O relacionamento do promotor com o vendedor daquela loja deve ser acompanhado bem de perto.

c.6. Checagem dos roteiros de visitas (tê-los por escrito).

Assim, com suas equipes, o promotor tem seus roteiros de visitas para todos os dias da semana, e este, sim, não pode ser alterado, salvo por motivos de força maior.

Quando se faz um roteiro de visita para os promotores itinerantes, leva-se em conta o número de lojas a serem visitadas, a quantidade de horas a serem trabalhadas em cada uma delas em relação à carga horária do promotor e o itinerário a ser feito.

A loja que espera a visita do promotor não disponibiliza nenhum outro funcionário para abastecer seus produtos, ou seja, se o promotor não aparecer nos dias e horários, a loja estará desguarnecida e seus produtos não sairão do depósito ou das geladeiras. A área de vendas ficará suja, desarrumada, com vazios, e abrindo espaço para a concorrência dar um "empurrãozinho" nos espaços deles sobre os seus.

O dinamismo dessa atividade não permite falhas. O trabalho do promotor é extremamente importante para as vendas de cada um dos seus clientes.

c.7. Checagem dos uniformes e aparências dos colaboradores.

Os promotores estão em contato direto e constante com os clientes. Não dá para fazer pequenos "disfarces" com a aparência.

O promotor lida com materiais que promovem muita sujeira, e por isso mesmo sempre estará com a sua aparência em prova. É preciso tomar todo o cuidado possível. O promotor é aquele "artista" que deve trabalhar muito, lidar com caixas e embalagens o dia todo e não se sujar.

Uma das coisas que considero muito importante é a quantidade me unidades de uniforme fornecida para o promotor. Se ele tiver que trabalhar com jaleco e tenha sido fornecida apenas uma unidade, será difícil que no dia seguinte ele esteja limpo ou com a imagem que deveria apresentar para seus clientes.

Penso que a empresa deve fornecer uniformes suficientes para que ele se mantenha sempre bem. Aí o supervisor poderá cobrar das suas equipes.

c.8. Checagem dos veículos (estado físico) se for o caso.

Alguns promotores trabalham com veículos da empresa ou com seus próprios, por força contratual. Nesses casos, verificar constantemente o estado dos veículos deles é importante para o bom desempenho de suas funções.

Nas empresas que fornecem veículos, deixa-los sob a responsabilidade dos promotores. Um promotor que não dá a devida manutenção em seu veículo com certeza terá problemas com seu trabalho.

A chave é ver o que está definido no contrato com o promotor, do tipo: ano do veículo, seguro anual, estado físico, manutenções periódicas e cobrar.

Se for o caso, colocar em cláusula contratual a vistoria periódica, a ser feita por um superior imediato ao promotor.

Bom mesmo é dar uma volta no carro do promotor, em algumas visitas aos seus clientes. Assim é possível verificar como está o veículo e como ele conduz seu trabalho.

c.9. Acompanhamento do MPV aplicado nos clientes.

Está cada vez mais difícil colocar nas lojas os materiais de ponto de venda, principalmente nos grandes clientes. Salvo os *displays* para exposição de produtos em ponto extra, em lojas grandes, o restante não é nada fácil conseguir colocar.

Por um lado, é bom, porque as lojas não ficam tão poluídas, visualmente falando, e é ecologicamente correto, por não gastar tanto material desnecessariamente. Por outro, não se consegue destacar os produtos que estão em promoção. Enfim, para que a loja não desvirtue a identificação visual da empresa e o cliente não se confunda na localização dos produtos.

O importante é verificar as lojas que permitem o uso desses materiais e aproveitar.

Essa é uma preocupação válida, porque, em muitos casos, os promotores não destinam um tempo para suas promoções, e sim para o abastecimento puro e simples.

Sabemos que o trabalho do promotor não se resume a isso.

Vale lembrar que os materiais de ponto de venda são caríssimos e normalmente de excelente qualidade. Não é possível que se desperdice isso.

Quando se fala em MPV, temos que falar também dos cuidados que devem ser destinados a eles. Vi muitas vezes material promocional de campanha atual completamente desprezado e jogado nos porta-malas dos carros e depois no lixo, por terem sido extraviados.

c.10. Ampliação permanente do *mix* de produtos nos clientes.

Pode não parecer, mas o promotor é um dos mais importantes elementos capazes de aumentar o *mix* dos seus produtos para os clientes, porque ele tem contato com os produtos na área de vendas das lojas e contato constante com o pessoal da loja.

Ele será o primeiro a saber se um concorrente seu está com alguma dificuldade nas entregas, havendo ruptura no fornecimento e uma boa oportunidade de vendas, que, se bem aproveitada, poderá até se transformar em espaço definitivo.

O promotor também consegue, como resultado de um bom trabalho, ampliar os espaços na loja, tanto para um determinado item como para todo o *mix* vendido. Ele também pode perceber um bom momento para uma ação naquela loja e a hora certa para falar com os responsáveis e conseguir autorização para fazê-la.

Por isso, é fundamental que o vendedor tenha um contato bem próximo com o promotor, informando a ele quais os itens do seu *mix* necessitam de maiores cuidados e quais precisam vender mais. Devemos lembrar aos vendedores que as equipes de promoção são seu braço direito e merecem toda a atenção.

c.11. Acertos de contas no financeiro.

Existem empresas que permitem que seus promotores efetuem pequenos gastos para fazer frente à montagem de alguma promoção na loja de algum cliente.

Sempre que há um gasto, há também prestação de contas. Da mesma forma que ocorre com relação aos vendedores e aos RCAs, não permita que haja acúmulos nas prestações de contas, porque, quanto mais tempo se passa, pior fica para acertar essas contas.

c.12. Verificação da participação dos promotores em reuniões.

Não basta comparecer, tem que participar. Os promotores são fontes ricas em informações do que acontece nas lojas e do que os concorrentes estão fazendo. Só que se eles não repassarem essas informações não terão valia alguma. Eles também podem e devem dar suas opiniões e apresentar propostas de melhoria de resultados aos clientes por eles atendidos.

Há empresas de grande porte que contratam chefes ou encarregados para suas equipes, e muitas vezes são eles mesmos que atendem as equipes de demonstradores.

Nesses casos, o trabalho do supervisor não fica tão extenso. Mas aí, se ele for o responsável, deverá ter uma ligação forte com aqueles chefes.

Mesmo que o supervisor não seja o responsável direto – e pode ser de responsabilidade direta do vendedor –, ele deve estar atento às atividades que envolvam resultados diretos de vendas, sejam diretos ou indiretos.

O que cobrar deles: horário, aparência, desempenho, roteiros de visitas, relacionamento interpessoal, relacionamento estreito com os vendedores, a própria participação nas reuniões, com suas opiniões etc.

Usando o critério da organização das reuniões, estas também devem ser planejadas e organizadas, com cronograma e cumprimento dos horários. Também devem ser reuniões participativas e motivacionais.

D. DEMONSTRADORES.

Há muito tempo o trabalho das demonstradoras era exclusivamente de mulheres, e posso dizer que em quase a totalidade ainda é. Mas, como acredito que essas tarefas também podem ser executadas por homens, quebrando paradigmas, vou tomar a liberdade de chamá-los de demonstradores, e é como usarei como referência ao longo dos capítulos.

É um trabalho mesmo especial o dos demonstradores. Especial porque sempre acaba criando demanda nas lojas dos nossos clientes. Então, utilizar-se do trabalho dos demonstradores é fazer uso de uma ferramenta importante para as vendas no curto e no longo prazo.

Como você pode determinar quando e onde vai utilizar essa mão de obra com seus clientes?

Em um primeiro momento, o seu departamento de *marketing* convencionalmente estará preparando ações para lançamento de produtos e relançamentos. No lançamento de um produto, esse próprio departamento determina o perfil dos clientes a serem trabalhados durante aquela campanha, então é só executar.

Num relançamento, os clientes já existem; e quando um produto é relançado, de alguma forma este vem com um *plus* que faz com que o produto ganhe um novo gás e comece a crescer novamente no seu ciclo de vida.

Os clientes já existem, e seus espaços também. Porém, quando um produto é relançado é porque ele estava decrescendo e perdendo espaços no mercado, e agora estará sendo revitalizado.

O que o supervisor deve fazer é baseado em seus acompanhamentos no campo. Assim, deverá revisar, com seus vendedores, quais as lojas com potencial suficiente, dada a quantidade de demonstradores disponibilizados para sua regional para trabalhar.

Nem todas as lojas terão o benefício de ter um demonstrador trabalhando, mas naquelas em que isso for possível, com certeza haverá uma nova demanda por aquele produto no momento dos trabalhos e cerca de 10 % como demanda permanente após. Essa era a informação que tínhamos alguns anos atrás, e que depois confirmávamos com os resultados das vendas posteriores.

Para todo trabalho novo com um cliente, lembrar de reforçar o plano de suprimentos, o trabalho dos promotores, a atenção dos vendedores, uma atenção especial ao pessoal de entregas, e por fim, um alerta total ao pessoal de apoio de vendas.

Então, vamos ver o que considero importante para o acompanhamento do trabalho desses profissionais.

a. Projeção das lojas a serem trabalhadas. Atenção para o produto a ser trabalhado com relação ao cliente e seu consumidor final.

b. Recrutamento da equipe que irá trabalhar naquela ação. Recentemente eu parabenizei um rapaz por estar trabalhando como demonstrador de produtos de páscoa. Acredito mesmo que podemos mudar esse paradigma e colocar profissionais masculinos e de mais idade do que se costuma ver por aí. Quando trabalhei com equipes de demonstradoras, tive a oportunidade de registrar que os melhores resultados de vendas aconteciam nas lojas onde a demonstradora com mais de 40 anos trabalhava. No início, tínhamos muita reclamação por parte dos nossos vendedores, pois achavam que as demonstradoras novas é que vendiam mais; porém, depois de um tempo eles disputavam ferrenhamente essa demonstradora para suas lojas. Vale como reflexão.

c. Seleção dos componentes. Essa é, para mim, uma fase muito importante, porque o supervisor estará definindo quem irá representar sua empresa perante o consumidor final. Portanto, o critério deverá ser bem apurado. Lembrando que podemos mudar o perfil dos nossos contratados.

d. Contratação. Geralmente acontece com o Departamento de Pessoal que dará suporte para a realização dessa atividade.

e. Treinamento. Para mim, este é o fator mais importante da fase de contratação. Os componentes das equipes deverão ser bem treinados, porque os resultados dependerão disso. Todo cuidado com o treinamento é pouco. Lembrando que, no caso de demonstradoras, é fundamental que elas não chamem muito a atenção para si mesmas, porque não foi para isso que foram contratadas. Já vi antes – e até hoje se veem – demonstradoras que "se acham". Como são mesmo muito bonitas, confundem o que elas são com o que devem fazer, que é demonstrar seus produtos.

Acho que não é demais falar que não devem estar demasiadamente maquiadas, portando joias ou bijuterias ou algo que chame a atenção para si, deixando o produto em segundo plano.

d.1. Acompanhamento a campo.

Os demonstradores, além de profissionais, como foi dito, são grandes instrumentos na criação ou no aumento de demanda de um produto ou de uma linha de produtos. Afinal, é para isso que são contratados.

Quando destinamos um demonstrador para uma loja, é porque alguma ação estamos fazendo e resultados estamos esperando.

Tínhamos como informação estatística, e de resultados de levantamentos dos trabalhos realizados, anos atrás, que cerca de 10% dos clientes que foram estimulados a comprar numa ação de demonstração ou degustação acabavam se tornando efetivos demandantes. Ou seja, não dá para desprezar o resultado dos trabalhos efetuados.

Agora, para que se consiga um bom resultado, os trabalhos devem ser bem feitos, como qualquer outro.

A equipe deve ser bem treinada. E quando falo "bem treinada", quero dizer bem mesmo!

Não podemos colocar no colo desses profissionais algumas informações e deixá-los à deriva, para que eles mesmos tenham que descobrir o que deve ser feito e como se fazer.

Sempre fui contra esses treinamentos relâmpagos, nos quais se mostra tudo no coletivo, sem fazer nenhum ensaio. Esses profissionais não podem estar inseguros no desempenho de suas funções.

Eles têm que ter apoio logístico em todos os sentidos. E tudo deve ser acompanhado, como, por exemplo: os uniformes de uso diário, de preferência em quantidade suficiente para usar e lavar, sem faltar, o material de trabalho, os equipamentos utilizados, a forma como estão abordando os clientes da loja, a identificação dos tipos de clientes, o conhecimento dos produtos que estão sendo trabalhados, o tratamento que esses produtos ou as degustações estão recebendo, a postura dos profissionais na apresentação e no desenvolvimento de seus trabalhos, o relacionamento deles com os vendedores, promotores, pessoal da loja, e, por fim, os resultados de vendas.

Devemos nos lembrar dos estoques da loja, porque não adianta cobrarmos tudo e não haver mercadoria para ser vendida.

Os demonstradores devem ter um contato direto com o pessoal de apoio, nos escritórios, e com o pessoal externo, para uma eventual emergência.

Penso que depois de umas avaliações, se der tempo, antes de acabarem os contratos, deve se fazer reciclagem com os profissionais, para irem se aperfeiçoando cada vez mais.

Um alerta para demonstradoras que trabalharem diretamente com os vendedores, para que não tenham ligação afetiva. A grande maioria dos problemas que encontrei, quando iniciei como coordenador de promoções, foi o envolvimento pessoal das demonstradoras com os vendedores, causando inúmeros transtornos. Não deve ser permitida nenhuma chance para assédio moral no trabalho, muito menos em nossos clientes.

d.2. Verificação das dificuldades.

Como vimos anteriormente, os demonstradores, assim como os vendedores, os promotores e os RCAs, têm suas dificuldades. E só um acompanhamento de perto pode detectar quais são estas dificuldades.

A começar pela seleção de pessoal, pode se exigir um perfil mais adequado ao cargo, tentando eliminar muitos dos problemas já conhecidos no meio.

Depois da contratação, podemos caprichar no treinamento, sem essa história de que "não vou treinar muito bem, porque ele(a) vai sair daqui e trabalhar para a concorrência, usando nosso treinamento".

Uma empresa que se preocupa com um bom treinamento certamente conseguirá manter seus funcionários no quadro mais do que as outras empresas.

Feito isso, se já não foi feita nenhuma detecção de dificuldades, deve se fazer o acompanhamento nos seus locais de trabalho e fazer perguntas aos clientes, para outras identificações.

Se descobertas as dificuldades, é necessário que se tomem algumas providências, senão de nada terá valido a pena toda essa pesquisa.

Que tipo de dificuldade pode ter um(a) demonstrador(a)? Bom, dentro do perfil do profissional, um dos pré-requisitos é a facilidade de trabalhar com o público; e como o público do supermercado é um público específico, justamente por ser muito misto, o profissional pode não ter boa adequação nesse quesito.

Quando percebida essa dificuldade, a atenção com o profissional deve estar em cima disso. Quase sempre não é possível que se dê um treinamento específico para atendimento ao público, porque pode não haver tempo hábil. Por isso é que defendo um treinamento bem feito no começo.

Via de regra, esses profissionais são contratados temporariamente. Então, tudo é muito dinâmico e não sobra tempo para muita coisa.

d.3. Acompanhamento de necessidades.

Se há uma necessidade, seus trabalhos estão prejudicados.

O supervisor deve estar atento e acompanhando o que está sendo feito, para suprir as necessidades dos demonstradores, para que eles executem o melhor possível suas atividades.

Vamos a um exemplo de necessidade: está sendo feita uma degustação de seu produto em um cliente. Por alguma razão, não foi entregue o material para degustação e não foi deixada nenhuma opção para que se tomasse alguma providência na loja mesmo. Então o demonstrador terá a necessidade de ter esse material, para conseguir começar a trabalhar.

Você deve estar achando óbvio isso, mas a verdade é que não é.

Ainda é muito comum ver demonstradores trabalhando em lojas de supermercado, exercendo a função de promotor ou somente de repositor, porque ninguém deu treinamento nem municiou o profissional com materiais e equipamentos para ele trabalhar.

Uma de minhas filhas trabalhou recentemente em uma empresa em que aconteceu exatamente isso. Ela foi contratada e, sem nenhuma orientação, foi mandada para um supermercado. O resultado é que eu, por telefone, a orientei sobre como ela deveria proceder nesses casos emergenciais. É claro que ela ficou abastecendo os produtos de sua empresa, para não ficar sem fazer absolutamente nada. Ela trabalhou assim até o fim do contrato. Não recebeu visita de nenhum supervisor, nem equipamentos, nem orientação, nem nada. Um absurdo, mas acontece.

Como é possível imaginar que uma empresa monte um projeto, consiga verbas, faça seleção, contrate pessoal e... mais nada! "Jogam" os profissionais para "se virarem" de qualquer jeito.

De vez em quando eu vejo demonstradoras, em lojas, apenas conversando com outras, sem fazer nada. Mas o erro, com certeza, está em quem não faz o acompanhamento corretamente.

Imagine como fica a imagem da sua empresa se isso acontecer com você.

d.4. Acompanhamento das demonstrações feitas nos clientes.

Se todas as necessidades devem ser feitas, os resultados de vendas também.

Os demonstradores estão nas lojas para mostrar as qualidades, as vantagens e os benefícios de seus produtos em relação aos outros. Se eles fizerem bem esse serviço, as vendas serão consequências certas.

Para se acompanhar é necessário conhecer o que se vende normalmente na loja, ou seja, a demanda atual, e verificar o que está acontecendo atualmente, depois do início do trabalho dos demonstradores.

Primeiro é uma questão matemática, depois é a verificação do que se pretendia vender, fazendo-se, posteriormente, os comparativos.

Pode-se comparar também os resultados de outras lojas, para ter uma ideia do que poderia acontecer.

d.5. Verificação das opiniões dos clientes em relação ao trabalho de demonstração.

Sempre gostei de fazer uma pequena pesquisa informal com os clientes que haviam sido abordados pela minha equipe, sem que eles ficassem sabendo. Assim acabava descobrindo a opinião do cliente em relação ao profissional e em relação ao produto trabalhado.

Claro que eu anotava tudo, para não esquecer quando fizesse os meus relatórios.

d.6. Checagem dos roteiros de visitas (tê-los por escrito).

Não é normal que os demonstradores tenham roteiros de visitas, principalmente se forem de visitas diárias.

O mais comum é que se faça um trabalho em uma única loja até o fim daquela ação específica, ou de um período específico.

Mesmo assim, o supervisor deverá ter a listagem de todos os demonstradores, com endereços, nomes das lojas, nomes dos responsáveis nas respectivas lojas, produto que está sendo trabalhado, nome dos componentes das equipes e período.

Veja um exemplo abaixo.

QUADRO DE DEMONSTRADORES TRABALHANDO NO SETOR 9					
Demonstrador (a)	Produto trabalhado	Cliente	Endereço	Responsável na loja	Período
José Maria	Lasanha congelada	Super Alpha	Rua Resende, 8	Adriano	03/05 a 14/05
Maria Clara	Lasanha congelada	Super Betha	Praça 7, 543	Ludmila	03/05 a 14/05
Josilane	Linguiça toscana	Hiper Tudo	BR 105, km 12	André	10/05 a 21/05
Erivaldo	Linguiça toscana	Super Ghama	Rua 25 de Dezembro, 363	Pedro	24/05 a 11/06

Essa é uma checagem rápida, porém necessária.

d.7. Checagem dos uniformes, da aparência dos colaboradores e dos equipamentos utilizados.

Como dissemos num dos itens anteriores, os demonstradores devem estar municiados de uniformes e equipamentos. Caso eles tenham apenas uma unidade de cada peça de roupa, não conseguirão estar bem apresentáveis todos os dias. E quanto à falta de equipamento, fica impossível trabalhar dependendo sem esse recurso indispensável.

Quanto aos balcões de exposição, já vi demonstradores trabalhando com equipamentos tão sujos e feios que mais depunham contra a imagem da empresa do que ajudavam nas vendas.

d.8. Checagem do acondicionamento e exposição dos produtos demonstrados na loja.

Como não é um serviço do cotidiano, o supervisor deve estar atento aos pequenos detalhes que envolvem o trabalho dos demonstradores.

Alguns desses detalhes são de muitíssima importância, como a verificação dos cuidados com os produtos que estão sendo trabalhados, como, por exemplo: armazenagem, higiene, aparência física, balcão de exposição, ponta de gondola que estiver sendo usada, no que diz respeito ao visual. Tudo isso diz respeito à imagem apresentada pelos profissionais aos clientes da loja.

Algumas vezes os produtos demonstrados ou utilizados nas degustações são guardados ou acondicionados próximos ao local de trabalho dos demonstradores, dando chance ao cliente consumidor de ver como de fato eles estão sendo tratados.

Tudo tem que ter aparência de novo! Qualquer anomalia deve ser tratada na hora.

d.9. Acompanhamentos dos relatórios dos demonstradores.

Os relatórios dos demonstradores não são menos importantes que os dos vendedores, promotores, RCAs e outros.

Todo relatório que sai de um profissional que tem contato direto com o consumidor deve ser analisado com muito critério, pois pode conter informações importantíssimas para todas as áreas da sua organização.

Se um consumidor fizer um comentário sobre a embalagem de um produto seu, isso pode mudar tudo na sua empresa, refletindo sempre nas vendas. Aí você pode dizer que o pessoal de engenharia de desenvolvimento de produtos não viu aquilo? Pode ser que não. Todos vemos, de vez em quando, algum produto que não vende de jeito nenhum e acaba "morrendo".

Um pequeno alerta de um consumidor pode vir a dar nova vida ao produto, desde que todos prestem atenção no cliente.

Se os demonstradores não trouxerem informações em seus relatórios, então cobre mais, peça que sejam mais técnicos em suas abordagens, para não só demonstrarem seus produtos, mas coletarem as informações daqueles que são abordados. E aí, quanto mais informações, melhor.

Normalmente se cobra sobre a opinião dos clientes consumidores em relação ao que está sendo demonstrado, se compraram após a abordagem, e quais as outras reações que tiveram quando provaram o produto etc.

d.10. Acertos de contas no financeiro.

Não é tão comum, mas não é impossível que um demonstrador gere algum tipo de despesa no seu trabalho, como, por exemplo: faltou guardanapo para apresentação e abordagem na loja. Se o demonstrador for proativo e tiver autorização para isso, ele pode comprar o que falta e depois pedir ressarcimento dos valores gastos.

Isso normalmente acontece com o próprio vendedor que atende aquela loja; e depois ele mesmo é quem faz o acerto financeiro.

É muito importante que o demonstrador não fique sem seu dinheiro e sem atendimento por muito tempo.

E. APOIO DE VENDAS/ADMINISTRATIVO.

Nas empresas que têm esse setor, os funcionários de apoio têm contato com o supervisor todos os dias, e durante o dia, por várias vezes, por telefone.

Esse é um setor que dá e recebe informações de tudo o que acontece, as quais são passadas para o escritório.

O que o supervisor não consegue ver nas lojas, com suas equipes, ele fica sabendo por meio de sua equipe interna.

Essa equipe dá apoio a todos os que trabalham externamente, inclusive os promotores e os demonstradores.

Se a equipe estiver bem conduzida, suprirá todas as dificuldades do supervisor de vendas, pois não é possível que ele esteja com todos os membros de suas equipes em todos os lugares, o tempo todo.

É um setor que merece muita atenção e cuidado, pois faz a diferença nos resultados das vendas de todos.

e.1. Acompanhamento dos trabalhos no escritório.

Além do apoio de vendas, os supervisores, em alguns casos, podem contar com secretárias, que são a ligação entre eles e a direção da empresa.

A finalidade profissional do supervisor de vendas deve ser muito grande, pois as informações gerenciais partem da direção da empresa.

Não pode haver falha na comunicação, porque, se houver, os prejuízos poderão ser de grande volume, uma vez que as informações atingem todos.

e.2. Verificação das dificuldades, das pendências e das necessidades apresentadas por eles e pelas equipes.

Nesse caso, é onde "estouram as bombas", porque, se as equipes não conseguirem falar diretamente com seus superiores, é para lá que irão fazê-lo. É tudo muito dinâmico. Por isso é que a equipe deve ser bem selecionada e treinada.

Todos devem ser proativos e relatar tudo aos supervisores e aos chefes de vendas.

Qualquer falha vai deixar as equipes desguarnecidas. É por isso que o supervisor deve verificar constantemente as dificuldades, as pendências e as necessidades que passam pelo setor, independentemente de onde elas venham.

Ouça os membros da equipe.

e.3. Verificação do atendimento às necessidades das equipes em campo.

Claro que, se o supervisor está acompanhando os trabalhos internos, como foi dito no item anterior, ele também deve verificar como foi o atendimento das necessidades ocorridas durante sua ausência ou como foram seguidas as orientações por ele deixadas.

Repetindo, tudo interfere nas vendas.

e.4. Acompanhamento dos relatórios.

Sempre se deve obedecer as normas da casa; porém, há que se pensar no que é melhor para o grupo.

Se houver relatórios para essa seção, deve-se estar atento a todas as informações, no que diz respeito a entregas, vendas, promoção, clientes etc., porque, afinal, todos têm contato com o setor de apoio.

Todas as suas equipes, assim como os clientes, são muito importantes. Portanto, toda atenção é bem-vinda.

Como é nesse setor que "estouram as bombas", o supervisor deve "desarmá-las" antes que o pior aconteça.

Se forem gerados relatórios, devem ser acompanhados ponto a ponto. Não deixe nada para segundo plano. Tudo pode ser muito importante e pode gerar uma pequena bomba prestes a estourar.

e.5. Acertos de contas no financeiro.

Os acertos financeiros podem acontecer quando as equipes de vendas não estão no escritório no horário de funcionamento do financeiro e passam as suas contas para o pessoal de apoio.

Nesse caso, é necessário acompanhar esses acertos, devido ao acúmulo de responsabilidades que recaem sobre a seção. Isso sem falar na função básica da seção, que é o apoio.

Esse acompanhamento é geralmente simples. Basta falar com o pessoal do financeiro para saber dos fatos.

f. Entregas.

As equipes de entregas normalmente não são de responsabilidade do supervisor, mas estão diretamente ligadas aos resultados das equipes de vendas. Por isso deve-se checar como estão sendo feitas as entregas nos setores, e isso pode iniciar pelo carregamento. Ver se estão usando corretamente o FIFO na separação dos produtos e o LIFO (sigla em inglês, que, traduzida, significa "o último que entra é o primeiro que sai") no carregamento, os cuidados com a temperatura das câmaras, se for o caso, e o estado das embalagens, com as respectivas datas de validade.

f.1. Acompanhamento em campo.

Muitas vezes encontrei recebedores de lojas de supermercados reclamando da forma de atendimento e do trabalho dos entregadores das empresas fornecedoras. Ora, se ninguém acompanhar, eles, os entregadores, acabam tendo liberdade demais para agir como bem entenderem.

Veja que seria boa uma pesquisa de opinião com os vendedores da sua equipe, os promotores, que também auxiliam no recebimento das mercadorias, e os próprios recebedores das lojas, para saber como anda esse serviço.

Para as empresas que trabalham com produtos perecíveis, este é o maior "calo" do processo produtivo: a entrega.

A entrega pode ter, basicamente, dois vilões. Um deles é o seu pessoal de entrega, que pode não estar dando a devida atenção aos produtos, ignorando as temperaturas dos equipamentos, falhando nos cuidados com o descarregamento e o empilhamento e não mantendo a velocidade no trabalho etc. E o outro vilão pode ser o recebedor, que, em muitos casos, se coloca numa condição de superioridade tamanha que não dá a menor atenção aos seus parceiros, os fornecedores. Já vi muito isso acontecer.

Quando se descarrega um produto na entrada dos depósitos, deve-se esperar que o recebedor permita que a entrega seja levada para o depósito da loja, para ser acondicionado. De um modo geral, as grandes empresas, ou as mais conscientes, dão prioridade para o recebimento dos perecíveis, não permitindo que essas mercadorias fiquem fora de refrigeração por muito tempo. Caso isso ocorra, pode haver a quebra da "cadeia do frio", reduzindo a vida útil dos produtos. Sem contar que o aspecto físico das embalagens fica muito prejudicado quando estas sofrem variações de temperatura.

O supervisor pode ajudar, quando observar falhas nesse recebimento, pedindo auxílio dos recebedores. Só se faz isso visitando as lojas.

f.2. Verificação das dificuldades.

Não vejo como algo comum às equipes de vendas estarem integradas com outros setores a não ser pelas cobranças. Se pensarmos como conjunto, todos devemos nos ajudar, porque, afinal, trabalhamos para um mesmo objetivo.

Com esse pensamento, procurar conhecer quais as dificuldades das equipes de entrega. Isso pode resultar em mais pessoas aliadas em suas vendas. Mesmo que não seja de sua responsabilidade ou sua função direta, ser proativo é uma característica de um supervisor.

Todas as equipes têm algum tipo de dificuldade; porém, se ninguém ajudar, esses problemas, que podem ser pequenos, acabam se eternizando.

Quando ajudamos os entregadores, eles se sentem valorizados, e, com certeza, irão render mais, e trabalhar melhor. Estarão estimulados a cooperar.

f.3. Acompanhamento de necessidades.

É bem possível que o supervisor de vendas não tenha autonomia para atender as possíveis necessidades dos entregadores. Porém, ele podendo expor ao responsável pelas equipes de entregas, já estará fazendo algo pelas equipes e, consequentemente, pelas vendas.

f.4. Acompanhamento das entregas feitas aos clientes.

Essa é uma função muito importante para os resultados de todas as equipes, porque, se não houver produto, não haverá vendas, nem abastecimento, nossos pedidos, demonstração, ganho de espaços (e neste caso haverá perda de espaço).

Primeiramente, o supervisor pode verificar as entregas por meio dos relatórios, no escritório e, depois, em campo, principalmente naqueles clientes em que sejam percebidos problemas com relação às entregas. As equipes de entregas podem ter inúmeros problemas para executar suas tarefas, e isso vai de uma rota que está sendo desviada para construção de um viaduto até o descaso de um recebedor na loja. O fato é que de nada adianta treinar as equipes de vendas, de promoção, de demonstração, de apoio, de controle de qualidade e outras que a empresa tiver, se houver falhas na entrega. É quase como construir um prédio e não conseguir vendê-lo porque alguém perdeu as chaves.

Como as equipes de entregas saem muito cedo e passam o dia "correndo", o supervisor deve "correr atrás" delas, para tentar descobrir seus problemas, principalmente com relação às entregas feitas nas lojas. E aí os problemas são muitos.

Podemos encontrar problemas como: excesso de recebimentos a serem feitos na loja e pouco pessoal para isso; mau humor do recebedor (não estou querendo aqui falar mal dos entregadores, mas lembrar que é possível acontecer com qualquer um); falta de aptidão, capacidade ou treinamento dos recebedores; pouco espaço físico para depositar os produtos retirados do caminhão; falta de estacionamento; ausência de seu promotor de vendas para auxiliar no recebimento; prioridade para recebimentos de cargas perecíveis; enfim, você pode encontrar todos estes problemas juntos e muito mais.

O pessoal de recebimento trabalha muito, e se não tiver recebido um bom treinamento, não será culpa dos entregadores se as entregas não se conduzirem de forma correta.

A presença eventual de um supervisor no recebimento das lojas pode ajudar na coleta de informações e melhorar o relacionamento entre você e os clientes.

Bom, já que o supervisor vai até as lojas, vale a pena fazer um "pacote", ou seja, verificar a área de vendas, o *mix* de produtos, o trabalho dos promotores e dos demonstradores frente aos compradores da loja. Deve-se, ainda, obter informações importantes sobre suas equipes, inclusive sobre o trabalho dos vendedores. E não deixar de ver como estão o depósito, as câmaras de resfriados e congelados e a carga seca.

Aí já faz uma "visitinha" ao pessoal de recebimento, e então fecha o circuito dos trabalhos externos com suas equipes.

f.5. Verificação das opiniões dos clientes em relação ao trabalho dos entregadores.

Isso parece óbvio, mas não é. Pegar opiniões sobre os entregadores você pode fazer com os vendedores, os promotores, o pessoal de logística da sua empresa e nas lojas.

É importante você ter opiniões de pessoas diferentes, que de algum modo tenham contato com os entregadores. Com isso você irá avaliar o relacionamento entre eles, a imagem que têm um do outro, a capacidade de avaliar de todos, as possíveis falhas existentes, e provavelmente poderá ajudar na sua correção.

f.6. Checagem dos roteiros das entregas.

Essa pode não ser uma função específica do supervisor, dependendo da empresa. Porém, se for, vamos ver os seguintes aspectos:

quando falamos de entregas, falamos do carregamento ao descarregamento dos produtos nos clientes.

Isto requer uma ferramenta da administração de materiais chamada de **LIFO** ou **UEPS**, que, em inglês, quer dizer Last In First Out, ou, em português, Último que Entra, Primeiro que Sai.

Traduzindo em miúdos, quer dizer que o primeiro pedido que for colocado no caminhão deverá ser o último a ser entregue nos clientes. É uma questão de logística. O pessoal de entrega não pode ficar perdendo tempo revirando a carga toda cada vez que faz uma entrega.

Tudo depende da organização do roteiro de entregas, para que a carga seja bem feita nos veículos da empresa.

O pessoal de entrega precisa de agilidade, porque todo minuto conta para a satisfação do cliente, para o cumprimento do roteiro de entregas, para os resultados de vendas e para os produtos que forem perecíveis, sejam resfriados ou congelados, ficarem o menor tempo possível no caminhão ou fora dele, sofrendo pequenas variações de temperatura a cada entrega.

f.7. Checagem dos uniformes, da aparência dos colaboradores e dos equipamentos utilizados.

Nem todas as empresas adotam essas medidas, mas se aquela em que você estiver trabalhando o fizer, é bom verificar o estado dos uniformes que os entregadores estão usando. Usar uniformes limpos e carregar peso o dia inteiro não é tarefa fácil. Muito mais fácil é sujá-los todos os dias.

Já vi carregadores trabalhando com uniformes num estado deplorável. Nem sempre é culpa dos entregadores. Muitas vezes pode ser descuido de quem fornece os uniformes a eles.

Se falta tempo para solicitarem, falta muito mais para os responsáveis verificarem essas necessidades.

Repetindo, já que o supervisor está na rua, verificando tudo nas lojas, não custa nada dar uma olhada também nos entregadores, quando os encontra.

Um supervisor atento a essa questão poderá estar ajudando, de forma pessoal e profissional, essas equipes, lembrando sempre que todos que usam uniformes estão representando a imagem da empresa.

Ao verificar os uniformes, ver também a aparência dos profissionais, anotar e relatar aos responsáveis por eles, se não for você mesmo.

f.8. Checagem do tratamento e do acondicionamento dos produtos nos veículos de entrega.

Essa é uma questão importantíssima para a cadeia de frio dos produtos perecíveis e para as cargas secas.

Na carga seca existe a preocupação com a integridade física dos produtos e os aspectos visuais das embalagens. Tudo repercute nas vendas.

Se um produto estiver com aspecto ruim antes de entrar na loja, imagine como ele estará na área de vendas e se de fato será vendido.

Por isso é tão importante a organização da carga no carregamento, evitando-se assim as "vasculhadas" à procura de produtos desse ou daquele pedido.

Na pressa de entregar, muitos entregadores se descuidam do tratamento que deve ser dado aos produtos, jogando-os com pouco critério. Às vezes é só falta de treinamento ou de reciclagens.

Quanto à carga de resfriados ou congelados, a preocupação é muito maior, porque, além da variação de temperatura, que altera a contagem inicial microbiana, causa danos à embalagem, denunciando essa variação.

Se não houver cuidados como a verificação da temperatura do baú, para saber se está de acordo com o que a carga exige, a checagem de vazamentos de frio no caminhão e o controle do tempo de descarga dos pedidos com a porta aberta, do tempo que os produtos ficam expostos fora de refrigeração, e do tempo de recebimento por parte dos recebedores das lojas, poderão ocorrer avarias de produtos, com consequentes prejuízos.

Não podemos deixar de falar dos produtos *in natura*, como frutas, verduras, legumes, ovos, e outros frágeis, como vidros e produtos com embalagens vulneráveis.

Os produtos hortifrúti merecem cuidados constantes, desde o plantio até o consumo final. No que nos diz respeito, é do carregamento até a entrega. A pressa não pode ser justificativa para pôr em risco toda a história de cada produto, danificando-o no caminho.

Esses produtos são altamente vulneráveis às intempéries. Cada variação de temperatura, cada solavanco que o caminhão der, cada caixa jogada ou esquecida num canto, com certeza irá influenciar na qualidade daqueles produtos e novamente nos resultados das vendas.

Os produtos com vidros ou com embalagens frágeis não podem sofrer danos antes de entrar nas lojas, porque já sofrem isso pelos clientes e por outros menos cuidadosos da área de vendas.

Não podemos controlar como os produtos são tratados a partir da retirada das prateleiras até o consumo final, por parte dos clientes; então, vamos cuidar de tudo que pudermos. Tudo isso influencia na qualidade dos produtos e nos resultados de vendas, novamente.

Se essa não for uma responsabilidade direta do supervisor de vendas, pelo menos se interesse por esse assunto, falando com os promotores, para saber qual o estado dos produtos no recebimento, e com o pessoal da loja, sobre reclamações e trocas.

Isso pode ser percebido facilmente quando as vendas começam a cair sem uma razão aparente.

f.9. Acompanhamentos dos relatórios de entregas.

Para as empresas que se utilizam dessa ferramenta para as equipes de entregas, é importante que se verifiquem os relatórios quanto aos retornos e o não recebimento de mercadorias. É preciso saber as razões das não entregas, porque também estão relacionadas às vendas finais. Uma entrega não feita representa inúmeras vendas não concretizadas. Por isso, independentemente da origem da ruptura do processo, esta deve ser verificada e sanada.

O relatório, se existe, está aí para isto: informá-lo de todas as situações ocorridas nessa fase da venda.

f.10. Acertos de contas no financeiro.

Mais uma função que pode não ser responsabilidade direta do supervisor de vendas, mas, usando o mesmo critério das outras equipes, é importante o supervisor estar sempre perguntando e conferindo os acertos financeiros, para evitar acúmulos e cobranças futuras.

PARTICIPAÇÃO DE FEIRAS E EVENTOS

Se há um lugar que reúna um grande número de oportunidades de negócios, esse lugar é uma feira. Nessas feiras é onde temos a oportunidade de nos mostrar, mostrar nossos produtos e tirar dúvidas, sobre eles, dos nossos clientes ou de clientes em potencial.

Nas feiras fervilham negócios. Com boa disposição, todos os componentes das equipes que puderem participar dos eventos não irão somente fortalecer os negócios existentes com os clientes, como irão prospectar novos negócios em médio e em longo prazo.

Nesses eventos temos a oportunidade também de acompanhar as ações da concorrência, como ações mercadológicas e lançamento de produtos. Ver de perto como outras empresas trabalham o *marketing*. Conhecer também mais sobre os clientes, sua estrutura, o que esperam dos fornecedores e quais são suas projeções futuras.

O que são essas feiras?

Em outros eventos, principalmente os informais, como churrascos ou jogos de futebol, ou até mesmo aqueles relativamente formais, como a inauguração de uma loja, deve-se tomar cuidado com os excessos, porque é nesses momentos que alguns funcionários – e isso vale para todas as esferas – passam um pouco da conta, com relação à bebida ou informalidades demais, mostrando um lado seu não muito agradável. A ideia é confraternizar e fortalecer, mas, em muitos casos, isso pode acabar depondo contra a empresa.

Nos eventos feitos para conquistar e manter clientes, pode-se também perdê-los por alguns pequenos deslizes.

Fazer um *briefing* com as equipes antes de iniciar ou participar dos eventos é sempre recomendado.

Montar um *checklist* para tudo que for possível, com a intenção de ajudar, é bom, mas tome cuidado para não burocratizar demais.

Você pode obter inúmeras informações nos *sites* abaixo.

Nos 27 estados brasileiros existem as associações de supermercados, como seguem:

Associação por Estado	Site
AMASE – Associação Amazonense de Supermercados	Não disponibilizado
ARSE – Associação Roraimense de Supermercados	Não disponibilizado
AMAPS – Associação Amapaense de Supermercados	Não disponibilizado
ASPAS – Associação Paraense de Supermercados	http://www.aspas.com.br
ATOS – Associação Tocantinense de Supermercados	http://www.atosto.com.br
AMASP – Associação Maranhense de Supermercados	http://www.portalamasp.com.br
APISU – Associação Piauiense de Supermercados	Não disponibilizado
ACESU – Associação Cearense de Supermercados	Não disponibilizado
ASSURN – Associação dos Supermercados do Rio Grande do Norte	Não disponibilizado
ASPB – Associação dos Supermercados da Paraíba	http://www.aspb.com.br
APES – Associação Pernambucana dos Supermercados	http://www.apes.com.br

ASA – Associação dos Supermercados de Alagoas	http://www.asa-al.com.br
ASES – Associação Sergipana de Supermercados	http://www.ases-se.com.br
ABASE – Associação Bahiana de Supermercados	http://www.abase-ba.org.br
AMIS – Associação Mineira de Supermercados	*http://www.portalamis.org.br/®*
ACAPS – Associação Capixaba de Supermercados	http://www.acaps.org.br
ASSERJ – Associação dos Supermercados do Rio de Janeiro	http://www.asserj.com.br
APAS – Associação Paulista de Supermercados	http://www.portalapas.org.br
APRAS – Associação Paranaense de Supermercados	http://www.apras.org.br
ACATS – Associação Catarinense de Supermercados	http://www.acats.com.br
AGAS – Associação Gaúcha de Supermercados	http://www.agas.com.br
ASBRA – Associação de Supermercados de Brasília	http://www.asbra.com.br
AMAS – Associação Sul-Mato-Grossense de Supermercados	http://www.amasms.com.br
AGOS – Associação Goiana de Supermercados	http://www.agos.com.br
ASMERON – Associação dos Supermercados de Rondônia	Não disponibilizado
ASMAT – Associação de Supermercados de Mato Grosso	http://www.asmat.com.br
ASAS – Associação Acreana de Supermercados	

Algumas das associações não possuem *site* oficial divulgado, por isso essa informação referente a elas não está no quadro acima.

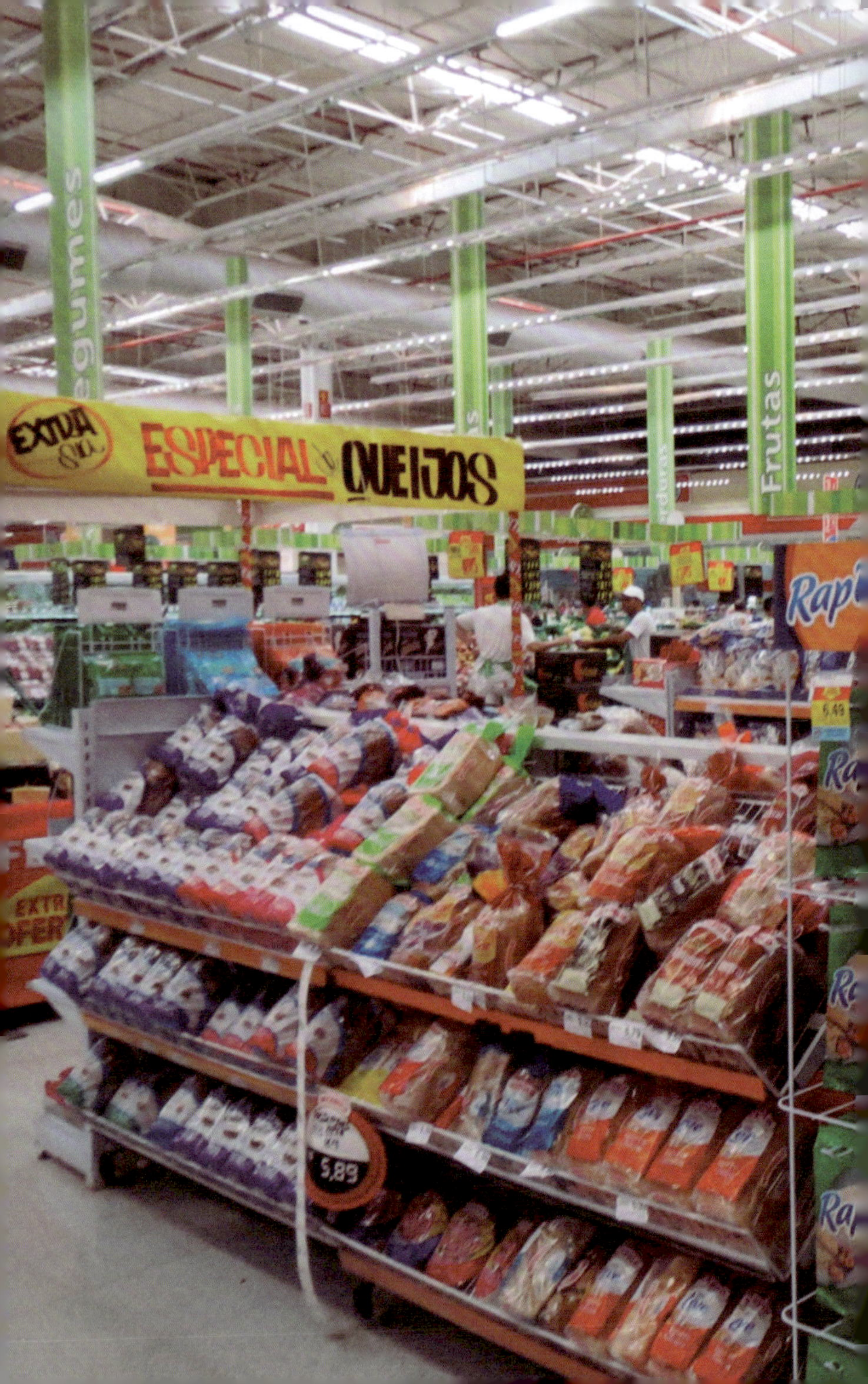

Legumes
ESPECIAL QUEIJOS
Frutas
5,89

CAPÍTULO IV

Supervisor, desempenho e comunicação. Trato pessoal

COMO DESEMPENHAR BEM SEU CARGO

Tive grandes dificuldades no começo, quando assumi como supervisor, porque não havia nada escrito em lugar nenhum sobre o assunto. Outros colegas não tinham tempo, e os que tinham tempo não estavam tão preparados ou com paciência para passar informações. Isso, claro, sem contar que as empresas não tinham nenhum treinamento específico para o cargo.

Por isso resolvi escrever, para mostrar que não existe mistério, não tem "pulo do gato".

Como falei no início, parece até um teste para o novo ocupante de um novo cargo "ter que descobrir tudo sozinho" e o mais rápido possível. Já não bastassem as dificuldades naturais de se assumir algo novo, algumas empresas repassam mais esse ônus para os novatos. Essa era já passou.

As empresas têm mesmo que treinar seus novos funcionários, independentemente do cargo ocupado, pois, por mais experiências que eles tenham, não conhecem as políticas e as rotinas da empresa nova.

Não vejo como produtivo que um novo funcionário tenha que perder tempo descobrindo como funcionam as coisas, em vez de realmente se adaptar e produzir.

Gastar energia desnecessariamente não faz sentido. O novo funcionário deve, sim, passar pelo que chamamos de "integração". Em muitas empresas essa integração é feita de maneira muito superficial.

Supor que uma pessoa conheça uma coisa ou assunto é um erro. Não podemos ter certeza do que cada um é realmente capaz, do que sabe e do tempo que levará para aprender tudo. Para isso existe o RH, mais precisamente o setor de treinamento, responsável por essa tão importante tarefa.

O ideal é que o supervisor seja bem treinado. Mas se isto não acontecer, busque você mesmo as informações para o melhor desempenho, como dados sobre sua empresa, desde a fundação, número de funcionários, número de filiais, fábricas, países em que atua, sua região, os produtos com os quais irá trabalhar, *mix* da empresa, os concorrentes, o posicionamento da empresa no mercado, os preços, quais as facilidades e dificuldades que a empresa tem no mercado, seus colegas, suas equipes etc.

Você pode estar dizendo que tudo isso é óbvio, porém, a realidade é outra.

Ainda não conheci a empresa que passe todas as informações a seus treinados. Sempre há algo a pesquisar.

Não posso desmerecer as boas empresas, que são muitas, e que fazem seu trabalho muito bem feito, mas estamos falando das dificuldades que o supervisor poderá enfrentar.

ÂMBITO DE RELACIONAMENTO

O supervisor tem quase a empresa toda como âmbito de relacionamento, sem contar os clientes diretos e o pessoal terceirizado.

Quase tudo sobre vendas tem relações com supervisão, transporte, administração, financeiro, informática, controle de qualidade; até mesmo manutenção do prédio tem alguma ligação com vendas.

Quando falamos em clientes, o relacionamento é mais abrangente e mais importante no que diz respeito aos cuidados que se deve ter. O supervisor e suas equipes devem estar devidamente preparados para atender seus clientes da melhor maneira possível, para diminuir possíveis futuros conflitos.

O supervisor tratará em seus clientes, desde o repositor da loja até o diretor ou cargo mais importante. Em todos os casos, o supervisor deverá ter um excelente relacionamento e destreza no trato com eles. Deverá também começar a gravar em sua memória as características de cada um, a personalidade, os gostos e, em se tratando das equipes, o que poderá contar com cada um deles.

Com o tempo, o supervisor terá todas as informações gravadas, e será muito mais fácil lidar com os conflitos.

COMUNICAÇÃO INTERNA E EXTERNA

Olhando superficialmente, parece serem muitas as funções do supervisor de vendas, e ter que se preocupar com mais isso só dificulta ainda mais as coisas.

Pode ser grande o volume de trabalho, mas a comunicação é a mais importante das ferramentas, porque com ela é que executamos todas as nossas atividades. Falamos, lemos e percebemos os gestos das pessoas quando nos comunicamos. E em vendas todas essas variáveis são importantíssimas na hora da negociação de um fechamento.

Na comunicação existem vários agentes, mas falando de uma forma supersimples, para que a comunicação aconteça, existem três pontos básicos: o transmissor, a mensagem e o receptor. Se for estudar comunicação, encontrará outras variáveis importantes, mas só para exemplificar falemos apenas das três.

O comunicador é o agente que tem a informação e quer passá-la a alguém. A mensagem é a informação a ser transmitida. E, por fim, o receptor, que é o agente que irá receber a mensagem.

Isso tudo parece simples, mas se o receptor não estiver "sintonizado" no transmissor, a mensagem não chegará ao seu destino.

Quando vejo os congressistas falando, no plenário em Brasília, é possível perceber que a grande maioria deles não está prestando atenção no que está sendo dito. Muitos estão conversando, lendo, falando ao telefone, e por aí vai.

Desrespeitos à parte, esse é um exemplo de falta de sintonia do receptor com o comunicador. Guardadas as devidas proporções, assim acontece nas empresas. Já participei de incontáveis reuniões em que o orador falava para ninguém, embora o ambiente estivesse cheio; e o que era para ser uma reunião tornou-se uma palestra para ausentes.

Acredito que, se tivermos que falar algo, devemos ter o cuidado em adequar a mensagem ao público ouvinte, e prestar atenção para perceber se os receptores estão sintonizados conosco, ou a mensagem não será recebida.

Citei, no livro "Além das gôndolas", que de nada adianta ter uma rádio com equipamentos de última geração e profissionais experientes, se o ouvinte não estiver sintonizado naquele dial. Todo trabalho será em vão.

Tendo a percepção dos aspectos básicos da comunicação fica fácil constatar como é importante cuidar da comunicação dentro de uma organização.

Na comunicação interna, todos os documentos são registros históricos com mais ou menos importância, mas são registros. Esses registros contam a história durante a sua passagem pela empresa; portanto, devem ser feitos com o maior critério possível. Imagine que daqui há alguns anos, quando alguém abrir uma pasta de arquivo e estiver lendo os documentos, esse alguém deverá, necessariamente, entender o que foi escrito e a quem se destina a mensagem. Só que não podemos esperar alguns anos para ver se a nossa mensagem foi feita da maneira correta. Temos que saber agora.

Então, para fazermos uma mensagem interna, devemos obedecer às regras do convencionado para aquela empresa, usar de linguagem adequada ao público que se utilizará da mensagem, e dos veículos apropriados para enviar essas mensagens.

Utiliza-se muito, nas organizações, a intranet, onde os documentos são passados pelos departamentos e disponibilizados na rede interna da corporação. Isso facilita tanto na transmissão quanto na pesquisa e na consulta das informações geradas.

Quanto às comunicações externas, as regras também deverão ser seguidas, observando-se, da mesma forma, o nível de frequência dos receptores.

É importante ressaltar que a comunicação é feita não só de forma escrita, mas falada ou expressa em gestos e sinais.

Outro bom exemplo de comunicação é justamente da nossa segunda língua oficial brasileira, que é a **Libras**. Essa forma de comunicação é utilizada pelas pessoas com deficiência auditiva. Se você, ouvinte, tiver a oportunidade de observar os surdos conversando, verá que eles gesticulam o tempo todo, e cada um dos gestos deve ser percebido pela outra pessoa; então eles observam se o receptor está prestando atenção na sua mensagem, e assim a conversa se dará com êxito. Quando a outra pessoa não estiver olhando, o primeiro toca no outro, para que ele o veja e a mensagem seja dada.

Na comunicação oral, ou falada, não é menos importante que se perceba o receptor em todos os aspectos. Como, por exemplo, o tempo disponível para passar a mensagem, o grau de percepção do receptor e a forma com que a mensagem está sendo passada.

O importante é saber que, quando vamos passar uma mensagem, devemos saber se ela está formatada de forma a ser bem recebida pelo receptor, e se este está sintonizado conosco.

RELATÓRIOS – IMPORTÂNCIA E RESPONSABILIDADE

Quando um vendedor faz um relatório, direciona-o ao supervisor de vendas. Da mesma forma os relatórios das outras equipes. Por outro lado, o supervisor também faz relatórios. Então o nível de informações é muito alto. Há que se controlar bem esse fluxo, para não se perder no volume e dissipar a importância do momento.

As informações têm prazo de validade, principalmente quando se trata de reação. Para reagir a uma ação informada pela equipe de vendas, é necessário que essas informações estejam "frescas". Depois que passa algum tempo, não faz mais sentido uma reação. Já perdeu a importância que tinha.

Todo relatório, quando é escrito, só acontece porque as informações contidas nele são imprescindíveis para o andamento da sobrevivência da organização.

Se no relatório do vendedor foi pedida a quilometragem feita, é porque esses números são importantes para o cálculo dos valores gastos no processo. Se for pedido o número de clientes visitados, é porque essa informação é necessária para cálculos estatísticos e dimensionamento de novos roteiros de visitas, entre outras coisas.

Se, supervisor, tiver autonomia, poderá determinar quais as informações que deverão compor os relatórios e quais poderão sair deles.

Também tão importante quanto é a memória dos relatórios, ou seja, o rascunho utilizado para a confecção dos relatórios, como pedaços de papéis, agenda, arquivos de computador, entre outras coisas. Esse memorial contém, geralmente, mais informações que o próprio relatório, e por isso é bom tê-lo guardado por um tempo.

O supervisor não é diferente dos outros membros das outras equipes. Se tiver que fazer relatórios, que os faça dentro do prazo especificado.

RESPONSABILIDADE, ASSIDUIDADE, PONTUALIDADE, APARÊNCIA

Estes tópicos servem não só para supervisor de vendas, mas para todos os profissionais. São assuntos importantes que, levados a sério, podem contribuir positivamente para definir a sua carreira, sua imagem, sua personalidade e, por que não dizer, seu sucesso.

Responsabilidade.

Não se ouviu falar em um profissional que não tenha que ter responsabilidade. Responsável é aquele que responde por seus compromissos assumidos. É a preocupação constante mediante um compromisso feito com outros ou consigo mesmo. Claro que deve ser seguido da ação que corresponde ao cumprimento desse compromisso.

Uma pessoa responsável não "descansa" enquanto não termina, de forma correta, o que foi combinado, marcado ou a si atribuído.

Para um supervisor, a responsabilidade é ainda mais séria, em função da sua imagem perante os seus comandados. E o supervisor tem responsabilidades com ele próprio, com suas equipes, com a empresa, com seus superiores.

Ele deverá cumprir seus compromissos não só de maneira correta, mas de forma exemplar. O respeito que será conquistado ou rejeitado dependerá das atitudes do líder.

Assiduidade.

Nas empresas privadas, não se admitem funcionários que não sejam assíduos.

No *Dicionário Aurélio*, algumas das definições de *assíduo* são: pessoa que tem regularidade de frequência. Que está sempre entregue a seu trabalho, que a ele se dedica sem interrupção; aplicado, diligente. Ser assíduo é cumprir todas as suas responsabilidades no trabalho, sem interrupções.

O sinônimo de *assiduidade* é geralmente utilizado para a frequência no trabalho, ou seja, se o funcionário falta ou não.

Mas assiduidade vai além. Um funcionário pode ir ao trabalho todos os dias, mas não cumprir com suas obrigações funcionais.

Quando se lidera grupos, a assiduidade é cobrada principalmente pelos comandados, que esperam do líder os melhores exemplos.

O líder não falta nem ao trabalho nem às suas obrigações, sendo estas voltadas aos seus comandados.

Pontualidade.

Pontualidade também é uma qualidade. Uma pessoa que assume um determinado compromisso e o cumpre, não significa que tenha feito isso corretamente. Por exemplo, você tem uma conta numa loja que deveria ter pagado no dia 18, e o fez no dia 20. Você assumiu e cumpriu seu compromisso, porém com atraso.

As pessoas veem a pontualidade como característica. Por exemplo: o Sr. João, da sua empresa, sempre chega atrasado ao serviço; já o Sr. Pedro, da Tesouraria, chega sempre 15 minutos antes do horário. Sendo as duas pessoas conhecidas na empresa , a quem você confiaria uma tarefa importante, como abrir o escritório todas as manhãs?

Somos vistos e avaliados pelos outros, constantemente, pelo que fazemos.

Não há coisa mais desagradável do que atrasos em reuniões. Estes, além de chamar a atenção para o atraso (seu erro), conseguem também atrapalhar o andamento e o raciocínio de todos os participantes. No caso do supervisor, o atraso fará com que a reunião não inicie, o que é grave.

Nas lojas, nunca podemos deixar um cliente nosso esperando. Se isso acontecer, provavelmente, num próximo compromisso, esse cliente pode procurar outro fornecedor mais pontual.

Aparência.

Um supervisor de vendas não pode se apresentar pior que seus comandados. No mínimo igual a eles.

Podemos chamar isso de apresentação pessoal. Quando se fala nisso, logo se imagina uma pessoa bem-vestida (com roupas de marca). Mas, numa empresa, estar bem-vestido é coisa bastante diferente.

Experimente olhar-se num espelho antes de ir ao trabalho, e diga sinceramente se sua aparência é a mais recomendada para trabalhar. Observe também seus comandados, para ver se eles não estão destoando em relação ao que a empresa espera deles, e também em relação a você mesmo.

Alguns aspectos a serem observados na apresentação pessoal:

cabelos para homens: curtos são os mais indicados, pois o profissional é visto por pessoas de fora de sua empresa, e cabelos compridos, coloridos, com rabos ou cortes muito diferentes nem sempre são bem aceitos por elas;

cabelos para mulheres: muito compridos até atrapalham no trabalho, principalmente quando a pessoa tiver que lidar com alimentos. Coloridos também podem chamar atenção em demasia, confundindo algumas pessoas. A limpeza é percebida por todos. Agrada a todos, além de fazer bem para saúde;

unhas cortadas, aparadas e limpas são regras básicas. Todos observam, e é uma questão de higiene. Para os profissionais que trabalharem com alimentos, não é permitido uso de esmalte nas unhas, porque, quando se está manipulando alguma coisa, o esmalte pode ir se quebrando, podendo se misturar aos alimentos, contaminando-os;

lembre-se dos cuidados com os dentes, pois eles influenciam em seu hálito e são fundamentais para a sua aparência, e demonstram os cuidados consigo mesmo;

para homens, a barba feita todos os dias é muito observada, porque mostra para as pessoas o quanto você se cuida. Existe uma diferença entre barba por fazer e o uso de barba grande. Quando se deixa a barba grande, se faz necessário apará-la, para não deixar a aparência de barba por fazer;

para mulheres, joias, bijuterias e outros adornos chamam muito a atenção, e podem provocar acidentes de trabalho. Você poderá enroscar seu anel numa máquina e cortar o dedo, ou os brincos num tecido e machucar-se. Embaixo dos anéis, brincos, pulseiras e correntes, formam-se depósitos de sujeiras e focos de contaminação. Muitas empresas não permitem o uso de nenhum tipo de adorno no serviço. Não é bem o caso do supervisor, mas ele deve observar isso em seus comandados;

uniforme para seus grupos de equipes. Através dele você pode identificar algumas coisas, como o tipo de profissional (promotor, açougueiro, padeiro etc.), a empresa em que trabalha (geralmente as empresas têm o logotipo gravado em seus uniformes), o cuidado e a higiene praticados (roupa suja, amarrotada, faltando botão, bolso descosturado, barra por fazer). O promotor, via de regra, utiliza um avental ou jaleco e boné como uniforme. Não devemos nos esquecer de observar as roupas usadas por baixo do uniforme ou avental (que deverá estar sempre fechado). O vendedor não pode se utilizar de roupas muito surradas, ou camisas abertas em demasia;

sapatos limpos, ou tênis, dependendo da empresa em que trabalha;

tatuagens: é muito comum o uso de tatuagem, porém esta ainda é discriminada, infelizmente. Se você já é tatuado, não a ostente, não fique mostrando para todo mundo, em se tratando de ambiente de trabalho. Pelo menos nos primeiros contatos com os clientes, até que se saiba qual a receptividade dada por eles. Se você ainda não tem, mas quer se tatuar, então escolha daquelas mais discretas, que você possa ocultar com facilidade. Em muitas empresas, as pessoas ainda são muito conservadoras e não aceitaram muito bem as tatuagens.

Estar bem apresentável não é uma questão de dinheiro, mas de bom-senso e higiene. De um modo geral, esses itens juntos são imensuráveis, porém perceptíveis pelos outros, e o conjunto forma sua imagem. Como é que você quer ser visto?

IMAGEM PESSOAL E DA EMPRESA

Um supervisor é responsável pela imagem sua, de seus comandados e de sua empresa.

Como falamos nos itens anteriores, ele deve cuidar-se e cuidar dos seus. Esse cuidado resultará em uma imagem profissional e comercial perante seus clientes e todos por onde passar, inclusive seus concorrentes.

Uma boa imagem às vezes leva anos para ser obtida. Já a imagem ruim costuma ser identificada mais rapidamente.

Da mesma maneira, a imagem de uma empresa também tem seus fatores que a identificam, como pagamento de contas, impostos, salários de seus empregados, atendimento aos clientes etc. Quando nós representamos uma empresa, carregamos conosco toda a bagagem da imagem da empresa também; portanto, somos responsáveis pelas duas imagens.

Antes de entrar numa organização, verifique qual é a imagem dela perante o mercado e veja bem se é isso mesmo que você quer. Depois de contratado, você terá que cuidar da manutenção dessa imagem. A sua própria, você fará no dia a dia.

É bom comentar que, quando ocorre algum problema, a imagem a ser desgastada primeiro é a da empresa, porque nosso cliente se lembra assim: "o funcionário da empresa 'Delta' fez algo errado".

Agora, para os seus superiores, os clientes se lembrarão da sua imagem primeiro.

SUAS PRÓPRIAS METAS, AS DE SUAS EQUIPES, AS DA EMPRESA

Podemos chamar de *meta* tudo aquilo que pretendemos conquistar mediante algum esforço. Exemplo: sua empresa estipula para você, como meta, atender todos os clientes das suas regiões e, por intermédio de suas equipes, vender uma determinada quantidade de seus produtos. Básico.

Você, como um bom profissional, fará tudo para cumpri-la.

Você pode se superar, procurando estimular seus vendedores, promotores e outras equipes a atender os clientes e vender um percentual a mais de produtos. Mas, para isso, você pode ter esse algo mais como sua meta. Esse "algo mais" podemos chamar de plus.

Há dois times de futebol numa partida. Um deles precisa vencer com uma diferença de dois gols, para ser campeão. Este, com certeza, correrá mais do que o outro. Ele terá que ser um time *plus*, terá que ser mais do que um time convencional. A equipe que está com a vantagem quer ser campeã também, mas deixará o maior esforço para o seu oponente.

Imagine que você decidiu chegar ao cargo de diretor da sua empresa num período de dez anos, e seu colega não planejou nada. Depois de dez anos, ambos continuam na empresa, e nenhum dos dois chegou à direção. Você foi promovido algumas vezes, chegando a gerente regional, e seu colega não saiu de supervisor de vendas. Neste exemplo de uma hipótese negativa, você poderá constatar que, mesmo planejando, você não conseguiu seu objetivo, mas, com certeza, foi mais longe do que seu colega que não planejou nada.

Agora, é bem grande a probabilidade de se atingir os objetivos com um bom planejamento de carreira. Ponha metas desafiadoras em sua vida e programe todos os dias o seu trabalho do dia seguinte.

Acredite em si mesmo, e você e suas equipes serão vencedores!

DESENVOLVIMENTO PESSOAL, CRESCIMENTO PROFISSIONAL

Podemos promover nosso desenvolvimento pessoal de várias maneiras:
- intelectualmente, estudando, lendo, assistindo peças de teatro, fazendo cursos, etc.;
- psicologicamente ou socialmente, procurando autoconhecimento e corrigindo nossas falhas ou defeitos, bem como valorizando nossas qualidades;
- fisicamente, praticando esportes, malhando, fazendo ginásticas;
- espiritualmente, tendo nossa religião, estudando e seguindo nossos princípios.

E o crescimento profissional?

Se você for responsável, determinado e demonstrar interesse pelo seu trabalho, além de desenvolver-se pessoalmente, o crescimento no seu trabalho será uma consequência. Aquele que "batalha" por si próprio terá o reconhecimento de todos, com certeza.

Como você pode se desenvolver?

Estar lendo este trabalho pode ser uma forma. Estudar, fazer cursos, ler matérias, conversar com pessoas, criar novas formas de fazer as coisas ou ter ideias diferentes, derrubar paradigmas, tudo isso são formas de desenvolvimento.

O que não dá é achar que é tarde demais para fazer as coisas. Nunca pense que está velho ou cansado demais para ir para uma escola ou fazer um curso superior, ainda que a distância. É quebrando paradigmas que se abrem novos caminhos.

No Item anterior, nós falamos em sermos "Algo Mais", em colocar metas em nossas vidas. Pois estudar e se desenvolver podem ser uma meta e um algo mais em sua vida.

Procure descobrir ou lembrar daquilo que você gosta e tem aptidão, acredite em você e vá à luta!

PANETONES
SAB. 500G
R$ 6,99

CAPÍTULO V

Nos clientes supermercadistas

1. CLASSIFICAÇÃO, DEPARTAMENTOS/SEÇÕES, ESTRUTURAS DAS LOJAS

Embora as lojas de supermercados e hipermercados no Brasil obedeçam a um critério técnico para montagem de suas estruturas e de *layout*, muitas delas têm suas características que as diferenciam umas das outras, mesmo pertencendo a uma mesma rede.

Umas, porque seu público alvo é um pouco diferenciado do das demais; outras, por conta do imóvel adquirido, que nem sempre pode ser modificado, para ficar no padrão; e outras, pelos produtos existentes e os consumidores específicos da região, e por aí vai.

De qualquer forma, iremos falar de lojas de supermercados convencionais, as de redes mesmo, que poderão nos dar uma boa ideia da estrutura de um supermercado como base do nosso trabalho.

As lojas de hipermercados têm suas características específicas, assim com as lojas menores, como mercados, mercearias e as pequenas lojas de varejo, entre outras das quais não falaremos, em função da enorme quantidade de variáveis existentes na montagem de suas estruturas, não cabendo aqui tantos comentários. A ideia é mostrar o básico.

2. CLASSIFICAÇÃO DAS LOJAS POR TAMANHO

Em primeiro lugar, vamos falar do tamanho das lojas, ou seja, em como é que elas são classificadas, para saber se são de porte pequeno, médio, grande ou *hiper*.

A maneira com que são identificadas as lojas ainda é pelo número de *checkouts* que cada uma disponibiliza em funcionamento, e em alguns casos também a área útil é levada em consideração.

Isso acaba norteando as empresas fornecedoras na liberação de crédito de compras, na disponibilização de promotor de vendas, para abastecimento, na tabela de preços e promoções a serem utilizadas com cada um dos clientes.

Para uma loja que tem 35 *checkouts* é utilizada uma tabela com preços menores do que para uma loja com oito *checkouts*, porque, teoricamente, a loja de 35 *checkouts* vende muito mais do que a outra, possibilitando um maior desconto nas compras e maior lucratividade, pelo volume de vendas, considerando-se que os gastos de entrega também são menores.

É claro que as empresas de pequeno porte querem uma tabela menor, com maiores descontos; porém, a sua empresa tem que calcular o valor gasto com alguns clientes e o quanto este dá de retorno em vendas. Não se pode cobrar o mesmo preço pelo quilo de um produto para quem compra 20 peças e para outro cliente que compra 2.000 peças. O que se gasta para vender, entregar, abastecer, e a frequência de venda para cada um desses clientes é muito diferente. Portanto, não podem ter preços iguais.

Difícil é convencer alguns clientes disso.

Todos estes cálculos têm que ser colocados na ponta do lápis, para não haver prejuízos com o atendimento.

Também existem exceções, como vi no sul do Brasil, uma loja de um determinado cliente que teoricamente era de médio porte, que vendia em sua loja mais por metro quadrado que clientes de grande porte. Esse cliente recebia um tratamento diferenciado.

Veja como se classificam as lojas de acordo com a Revista SUPERHIPER/NIELSEN publicada em set/1996:

Número de checkouts	Porte da loja
Até 4	Pequeno
De 5 a 9	Pequeno/médio
De 10 a 19	Médio
De 20 a 49	Grande
50 ou mais	Hipermercados

Já a Associação Brasileira de Supermercados classificou as lojas da seguinte maneira:

Classificação	Nº de checkouts	Seções existentes
Compacto	2 a 7	Mercearia, hortifrúti, açougue, frios, laticínios e bazar.
Convencional	8 a 20	Mercearia, hortifrúti, açougue, frios, bazar, laticínios, padaria e peixaria.
Grande	21 a 30	Mercearia, hortifrúti, açougue, laticínios, frios, peixaria, padaria, bazar e eletroeletrônicos.
Hipermercado	+ de 50	Mercearia, hortifrúti, açougue, laticínios, frios, peixaria, padaria, bazar, têxteis e eletroeletrônicos.

Fonte: ABRAS

Note que existe bem pouca diferença entre as duas tabelas, que são muito parecidas quanto ao número de *checkouts*.

A diferença maior está na classificação das lojas de pequeno e médio porte com relação à loja convencional, cuja variação de *checkouts* na tabela da SUPERHIPER tem cinco níveis e na da ABRAS tem apenas quatro.

O Sebrae de Mato Grosso do Sul, em sua ficha técnica de supermercados, classifica as lojas incluindo a metragem da área de vendas e o número médio de itens:

Loja	Nº de checkouts	Área de vendas - m²	Nº médio de Itens
Mercearia	2	250	1.159
Mini Mercado	9	251 a 1000	6.632
Conveniência	15	1001 a 2500	12.105
Supermercado	36	2501 a 5000	19.740
Hipermercado	50	Acima de 5000	41.420

Essas são algumas classificações de lojas do ramo de supermercados. Então, verifique qual a tabela utilizada pela sua empresa e use-a.

Vejo como essencial que seus vendedores tenham em mãos essa ferramenta, para que possam trabalhar melhor suas decisões diante de seus clientes.

3. DEPARTAMENTOS/SEÇÕES DAS LOJAS

As seções e departamentos das lojas em que os profissionais de vendas mantêm contato variam de rede para rede de supermercados. Assim também ocorre com o tamanho de suas lojas e com o tipo de consumidores da região, que irão determinar os produtos a serem comercializados.

Com o intuito de aumentar a eficiência, administrar o controle e as responsabilidades, bem como seus resultados, as lojas foram departamentalizadas, ou seja, divididas em setores com áreas afins. Dessa forma, os profissionais responsáveis podem ser mais específicos em suas formações e oferecer melhores resultados em seus trabalhos. Isso vale para todas as empresas, e os supermercados respondem ao mesmo estímulo.

Um *departamento* é composto por várias *seções*. Por exemplo, o Departamento de Perecíveis é formado pelas seções de Frios e Laticínios, Rotisseria, Salsicharia, Padaria, Frutas, Verduras e Legumes, açougue, e peixaria.

Vamos considerar as seções de uma loja do tipo grande e vejamos o exemplo de como funciona em um Supermercado.

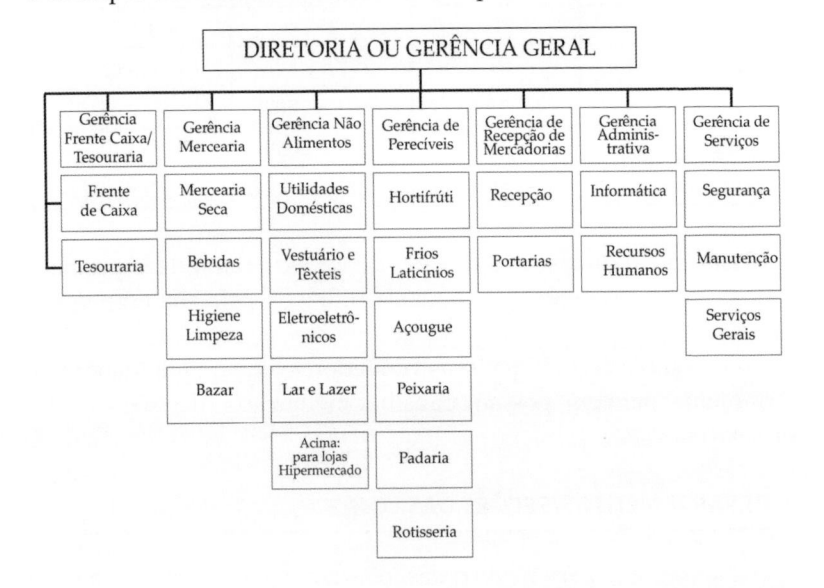

```
                        DIRETORIA OU GERÊNCIA GERAL
```

Gerência Frente Caixa/ Tesouraria	Gerência Mercearia	Gerência Não Alimentos	Gerência de Perecíveis	Gerência de Recepção de Mercadorias	Gerência Administrativa	Gerência de Serviços
Frente de Caixa	Mercearia Seca	Utilidades Domésticas	Hortifrúti	Recepção	Informática	Segurança
Tesouraria	Bebidas	Vestuário e Têxteis	Frios Laticínios	Portarias	Recursos Humanos	Manutenção
	Higiene Limpeza	Eletroeletrônicos	Açougue			Serviços Gerais
	Bazar	Lar e Lazer	Peixaria			
		Acima: para lojas Hipermercado	Padaria			
			Rotisseria			

Estes são exemplos de departamentos de um supermercado gerenciados por:

1. Frente de Caixa e Tesouraria;
2. Mercearia;
3. Perecíveis;
4. Recepção de mercadorias;
5. Administração;
6. Serviços.

Vejamos as características desses departamentos

1. FRENTE DE CAIXA E TESOURARIA

A área de Frente de Caixa é composta por uma equipe numerosa de colaboradores que mantêm contato direto com o público e é onde se afunilam todos os problemas da loja que tenham alguma ligação com o consumidor final.

O supervisor de vendas, sabendo disso, pode prevenir, com atitudes com suas equipes, para que não aconteçam problemas relacionados aos seus produtos.

Pelo Código de Proteção e Defesa do Consumidor, o vendedor (supermercado) é responsável solidário pelos produtos que comercializa, mas o fornecedor é o responsável principal pelo problema apresentado com seu produto.

Vamos a um exemplo: um cliente compra um determinado produto, do qual você é o distribuidor, como fabricante ou representante, e ele está vencido. Se você tem um promotor na loja, a responsabilidade pela verificação do rodízio ou PVPS (primeiro que vende é o primeiro que sai) é da sua empresa, afinal, esta é uma função de seu promotor. Perante o cliente, a loja é responsável; mas perante a loja, você é o responsável pelo produto vencido na área de vendas.

Quando um cliente volta para reclamar, é em um dos *checkouts* que ele vai falar, de preferência no que ele passou suas compras. Se o seu promotor fez o trabalho direito, não será dos seus produtos que terão reclamações.

Os cargos do setor de Frente de Caixa mais comuns são:
- Fiscal de Caixa;
- Operador de Caixa;
- Empacotador; e
- Recepcionista.

Um supervisor provavelmente nunca terá contato direto com esses profissionais, a não ser que tenha produtos expostos nos expositores de caixa, que geralmente vendem muito bem, e então também deverá verificar como andam as vendas lá.

A Tesouraria da loja é onde é feito todo o controle da movimentação financeira gerada pelos caixas e clientes. Localiza-se em uma área fechada, na qual trabalha um grupo restrito bem selecionado de funcionários.

A equipe é composta pelo Encarregado da Seção e pelos tesoureiros, que, por segurança, trabalham trancados e com pouquíssimo contato com outros colegas de trabalho.

Você, como supervisor, também não deverá ter contato com eles.

2. MERCEARIA

A Seção Mercearia é composta por produtos alimentícios não perecíveis, porque são os que melhor se adaptam à condição de não necessitarem de equipamentos para conservação de sua vida útil, sendo somente prateleiras e locais de exposição simples.

É farta a quantidade de itens de mercearia, e sempre aumentando, como é comum, aliás, em todos os setores das lojas.

A vida útil dos seus produtos é mais longa, e a sua manipulação, mais simples.

Mesmo com vida útil mais longa, é muito comum encontrar produtos vencidos na área de vendas, porque a preocupação é menos intensa, em função da rotatividade dos produtos. Pelo menos a ideia é essa. Se um produto de mercearia vencer, é porque não está girando, ou porque não estão olhando com o devido cuidado para o PVPS (o primeiro que vence é o primeiro que sai).

Nos supermercados de maior porte a Mercearia pode ser dividida em outras duas ou três seções, conforme a necessidade de cada loja.

Vejamos como normalmente é feita a divisão:

- Bebidas: águas, bebidas destiladas, cervejas, refrigerantes, sucos, vinhos.
- Higiene e Limpeza: artigos de limpeza doméstica, higiene pessoal e produtos de perfumaria.
- Mercearia Seca: produtos alimentícios não perecíveis.

O Bazar é uma seção que é bem valorizada num supermercado, devido à boa margem de lucro que ela oferece, apesar do giro das mercadorias ser mais reduzido em relação às outras seções.

Também é o local que exige maior conhecimento por parte dos funcionários, em relação aos produtos oferecidos, como aparelhos eletrônicos, por exemplo. Essa experiência é importante porque o trato com o cliente da loja, o consumidor final, deve ser mais apurado e com maior profissionalismo, porque disso irá depender a venda no setor.

São necessários modelos específicos de exposição dos produtos, por causa das suas características. Os produtos precisam ser vistos funcionando, para gerar confiança do cliente e desejo de compra. Outros itens, como vestuário, que também são de exposição diferente dos outros produtos de um supermercado, precisam ser manipulados pelo consumidor.

Também são expostos no Bazar os seguintes artigos:

- Utilidades Domésticas: alumínio, artigos de cerâmica, louças, plástico, vidros.
- Vestuário e Têxteis: calçados, cama, mesa, banho e roupas.
- Eletroeletrônicos: eletroportáteis, eletrodomésticos, eletrônicos, CDs, DVDs, Blu-Rays etc.
- Lar e Lazer: artigos de festa, *camping*, ferramentas, jardinagem, material elétrico, papelaria, produtos automotivos.

Os cuidados especiais estão relacionados ao trato com os produtos. A exposição, que, em minha opinião, deve ser do melhor produto, e não de produtos com algum tipo de avaria, como fazem muitas lojas que vemos por aí.

Fico incomodado quando me deparo com produtos para demonstração com pedaços quebrados, sujos, empenados etc. Outro dia estive numa loja e vi uma poltrona, dessas de escritório, com o braço de apoio totalmente solto, parecia quebrado mesmo. Penso que eu nunca compraria uma poltrona que antes de ser vendida já está quebrada.

Quanto à estocagem desses produtos, é muito delicada, devido à sua fragilidade e ao seu custo.

Se a sua empresa tiver produtos nessas seções, seus vendedores devem estar muito bem treinados e atualizadíssimos a respeito do que acontece no mercado a cada momento. Todas as novidades e tendências, principalmente na área de tecnologia, não deve ser desprezada; afinal, o conhecimento é a ferramenta de trabalho dessas equipes.

3. PERECÍVEIS

Inegavelmente, o departamento que incorpora os perecíveis é o que exige maior atenção e utilização de pessoal mais capacitado tecnicamente, em face da complexidade no que diz respeito à operacionalidade que envolve alto giro de produtos com vida útil reduzida e cuidados no manuseio em todas as fases, podendo ocasionar prejuízos e gastos elevados.

A manutenção desses produtos também tem custos altos, porque todos requerem cuidados constantes, com temperaturas baixas e equipamentos específicos, que, além de caros, consomem energia elétrica.

Dentro de "perecíveis" estão os produtos que são vendidos a granel e que geralmente necessitam de funcionários para o atendimento dos consumidores.

Principais produtos:

FAMÍLIA	GRUPOS
Cortes resfriados, carcaças assadas etc.	Aves
Azeitonas, picles, doces em calda, compotas etc.	Conservas
Linguiças, salsichas, presuntos etc.	Embutidos
Queijos, lanches, queijos especiais, cortes, fatiados etc.	Laticínios
Ingredientes para feijoada, bacalhau etc.	Salgados
Pratos prontos, salgadinhos, pastas, saladas etc.	Rotisseria

ESTOCAGEM

Os produtos dessas seções exigem, além de cuidados no manuseio de caixas e embalagens individuais, cuidados com higiene, limpeza, máquinas e equipamentos específicos, também o controle das temperaturas, que variam de uma linha de produtos para outra.

O sangue é um elemento altamente perecível e, por isso, muito pouco comercializado no Brasil. E os produtos que contém sangue naturalmente, como carnes embaladas de fábrica, também carecem de cuidados especiais no que diz respeito à temperatura e ao manuseio das embalagens, para não as perfurar.

Vamos aos exemplos de produtos e temperaturas:

PRODUTOS	ESTOCAGEM	EXPOSIÇÃO
Embutidos, cortes de aves e laticínios	De 0º a 5ºC	De 0º a 10ºC
Salgados e conservas	De 15º a 20ºC	De 15º a 20º C
Produtos de Rotisseria	Não estocar	De 0º a 10º C

Cuidados especiais.

A maior parte dos produtos comercializados nessa seção é manuseada pelos repositores, promotores e clientes. Primeiro pelos repositores e promotores, que têm que necessariamente abrir as embalagens e transformá-los, por exemplo: fatiando os embutidos ou simplesmente desmembrando e abandejando, como é o caso das salsichas a granel. Isso faz com que as autoridades sanitárias fiquem atentas à contaminação e à proliferação de micro-organismos.

Outros que estão muito atentos quanto aos aspectos limpeza e aparência dos produtos são os clientes da loja, que também são responsáveis por danificar embalagens e trocar produtos dos lugares onde devem ser conservados normalmente.

Por isso, aqui vai a recomendação aos promotores da loja, que devem estar muito atentos quanto ao que fazem e onde fazem, porque tem muita gente olhando. O resultado do trabalho dos promotores também é bastante observado. Os vendedores também têm a sua cota de responsabilidade, uma vez que andam pela loja e olham seus produtos. Se observarem algo errado, devem tomar as devidas providências.

Outro cuidado que deve ser tomado, se sua empresa é fornecedora dessa seção, é com relação ao transporte e à rapidez no abastecimento.

No transporte, deve ser observado o cuidado com a temperatura que as mercadorias são entregues. Os carros de transporte são equipados com um sistema de refrigeração que deve, necessariamente, estar funcionando de acordo com as normas vigentes. É muito comum ver por aí carros com sistema desligado ou com seu funcionamento comprometido. O que ocorre numa situação dessa é que a validade dos produtos também acaba comprometida, e para um índice que não se pode mensurar senão por meio de uma análise de laboratório. Também as embalagens começam a amassar e desmanchar, ficando quebradas, se forem de papelão, ou derretidas, em caso de embalagens plastificadas.

De qualquer forma, é fácil identificar o produto que sofreu algum tipo de variação de temperatura, porque no visual ele fica diferente; e esse diferente também é notado pelo consumidor final, na loja. Se o seu concorrente cuida do transporte, os produtos dele ficarão com aspecto muito melhor do que aqueles que não foram adequadamente transportados. Então é fácil responder quem é que irá vender mais rápido, não acha?

Além do transporte, há que se observar que os produtos devem ser movimentados na loja com o maior cuidado, e o mais rápido possível, porque de nada adianta ter os melhores caminhões, com os equipamentos supernovos e funcionando direito, se ao manuseá-los na loja ninguém tiver cuidado. A aparência conta muito no caso de perecíveis.

Seus promotores devem ser orientados a não levar muitos produtos ao mesmo tempo para a área de vendas, porque, enquanto eles abastecem alguns, outros estão sofrendo variação de temperatura justamente nas mãos daqueles que deveriam tomar o maior cuidado possível.

Se o seu cliente sentir segurança na forma com que os seus produtos estão sendo transportados, movimentados, manuseados e abastecidos, irá sentir também segurança na compra. Isto quer dizer que você estará vendendo com mais facilidade.

4. RECEBIMENTO DE MERCADORIAS

Embora essa sessão esteja meio escondida, lá nos fundos da loja, não é, porém, menos importante do que outras, dada a característica de suas funções perante a comercialização dos produtos na loja.

É por onde os produtos entram, são conferidos e recebidos. Todos os produtos, sejam para uso da loja, para degustações ou para vendas, entram pelo recebimento. Se a loja não estiver bem estruturada no recebimento, poderá causar enormes prejuízos tanto para si mesma como para os fornecedores.

Se houver promotor na loja, o supervisor deve estar atento para, se ocorrerem avarias ou falta de mercadorias, ela assumir o prejuízo.

E nem todos os fornecedores fazem trocas, porque estas significam prejuízos para eles, que assim irão assumir um custo não merecido. Existem algumas regras para a seção de recebimento, como dar prioridade para o recebimento de produtos perecíveis, tanto na fila de entrega quanto na guarda ou estocagem dos produtos nas câmaras ou depósitos. Então, se sua empresa não for fabricante dessa linha de produtos, com certeza terá mais dificuldades para fazer suas entregas. Por outro lado, se forem perecíveis, seus produtos rapidamente (na teoria) serão entregues.

Depois da entrega, começa o perigo. Os produtos não podem ficar muito tempo expostos à temperatura ambiente, porque começa a alterar a "contagem inicial microbiana" (veja no glossário) e sua validade começará a ser comprometida.

Seu promotor, na loja, deve estar atento e efetuar a guarda dos produtos o mais rapidamente possível.

É papel do vendedor informar ao promotor os dias e os horários de entrega das mercadorias, para que este possa recebê-las e guardá-las.

Nos depósitos onde todos os funcionários e fornecedores tem acesso, geralmente é uma disputa para guardar produtos ou retirá-los para abastecer a área de vendas. Como é um lugar que não há visitação de consumidores, não é um lugar bonito. Caixas para todo lado, gente circulando, produtos entrando e saindo o tempo todo.

São frequentes os acidentes danificando produtos no depósito; portanto, todo cuidado na área é pouco.

Outros lugares para ter cuidado são as câmaras de congelados e resfriados. Também existem possibilidades de muitos acidentes pessoais, pois o chão é muito liso nos congelados e úmido e escorregadio nos resfriados.

Para as câmaras de congelados, onde a temperatura deve ser sempre abaixo de -8º (oito graus centígrados negativos), é obrigatório o uso do jaquetão e da bota para entrada e manuseio dos produtos. Também não é recomendável permanecer em seu interior por muito tempo.

Quanto aos produtos, devem ser tratados com o maior cuidado, porque, se não bastasse o transporte, a variação de temperatura no recebimento, a guarda ou o armazenamento, há ainda a exposição na área de vendas; além do fato de alguns clientes levarem o produto para casa e depois o trazerem de volta, para trocar por outro, e sabe-se lá como foi tratado esse produto depois que saiu da prateleira.

As caixas devem ser empilhadas conforme instruções contidas nelas mesmas, e isto vale para todos os tipos de produtos. Os empilhamentos fora das especificações acabam danificando a embalagem de transporte, as embalagens internas e por consequência os produtos.

Muitas vezes, quando a caixa de transporte é danificada, ela se deforma, não dando mais sustentação para empilhamento. Por isso é que se veem muitas pilhas de caixas tortas e até caindo, nos depósitos, por mero descuido.

É também por essa sessão que saem as trocas ou devoluções de produtos com algum tipo de problema. Consideram-se trocas aqueles produtos que o cliente abriu e consumiu parcialmente, na loja, os danificados nos depósitos ou na área de vendas, os vencidos ou sujos (que não vendem mais), ou ainda os que, por alguma outra razão, tenham que ser devolvidos para os seus fornecedores. Então são separados dos demais e guardados temporariamente. São produtos impróprios para consumo e devem assim estar identificados, caso haja uma fiscalização e os encontre nos estoques.

Esses produtos atraem muito mais insetos e roedores, por causa do cheiro forte que exalam.

Tanto os promotores como os vendedores devem estar orientados para retirá-los da loja o mais rápido possível.

5. ADMINISTRAÇÃO

É o apoio administrativo da loja, e muitas vezes o vendedor e outros funcionários seus terão contato com essa gerência. Via de regra, o setor administrativo incorpora a informática e os recursos humanos.

Muito parecido com a sua empresa, só que não tem uma loja para administrar. O seu promotor deverá ter mais contato com a informática, porque ele deverá conferir e tirar etiquetas de trilho e de produto, para colocá-lo em exposição na loja, e também com o RH, porque deverá ter autorização para acesso à loja, que normalmente é concedida por essa área.

Outro contato com a administração é com relação às notas fiscais de entrada, de devolução, de degustações, documentos de encaminhamento de promotores e degustadores na loja. Enfim, a tramitação burocrática está ligada à administração.

6. SERVIÇOS

Se no setor administrativo o contato é pequeno, neste é quase nulo.

Aqui estão o setor de segurança, o de manutenção (da loja) e o de serviços gerais. Esses setores praticamente não se comunicam com os fornecedores da loja diretamente.

É importante que pelo menos se conheça a existência deles nos seus clientes.

LAYOUT DE LOJA, DE DEPARTAMENTO, DE GÔNDOLAS, DE PRODUTOS

Layout é uma palavra americana, que quer dizer arrumação, organização, endereçamento, ou seja, quando se faz um *layout* de uma cozinha, faz-se um desenho do tipo planta baixa, e colocam-se todos os móveis e equipamentos da cozinha, cada coisa no seu lugar. O mesmo ocorre num supermercado. Num *layout* geral, conforme desenho abaixo, colocam-se todos os departamentos da maneira que se quer montar a loja.

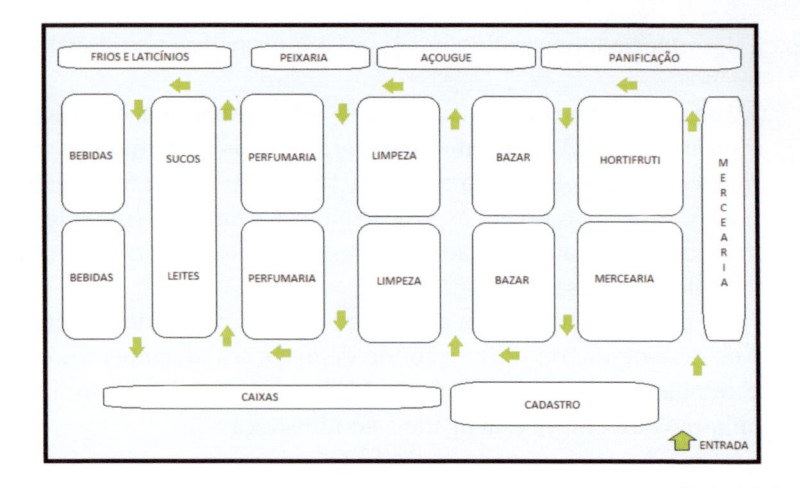

[Figura: Layout de supermercado com seções — FRIOS E LATICÍNIOS, PEIXARIA, AÇOUGUE, PANIFICAÇÃO; BEBIDAS, SUCOS, PERFUMARIA, LIMPEZA, BAZAR, HORTIFRUTI, MERCEARIA; BEBIDAS, LEITES, PERFUMARIA, LIMPEZA, BAZAR, MERCEARIA; CAIXAS, CADASTRO, ENTRADA]

Em todos os tipos de *layouts* são utilizados certos critérios para sua montagem.

Numa loja de supermercados, são obedecidos os fluxos (forçados) de visitas dos clientes, ou seja, para onde desejamos que os consumidores caminhem na loja, para distribuir as seções. O fluxo segue dos produtos supérfluos para os de maior necessidade.

Um cliente entra na loja, com o carrinho, vai normalmente da direita para a esquerda, em ziguezague, até completar o percurso todo. Ele vai comprando os produtos de menor necessidade no início do percurso, e comprará os produtos de maior necessidade no final.

Note que, na figura acima, as seções são distribuídas conforme o fluxo de clientes na loja.

A entrada da loja é geralmente pela direita, e os caixas (*checkouts*) que não estiverem abertos devem ser travados ou fechados com corrente, barra ou alguma coisa que impeça a passagem de clientes. Isso para que não se quebre o circuito de visitação na loja.

Layout de departamento.

Nesse caso, um *layout* de departamento indicando suas gôndolas e ilhas. Nele, mostram-se as seções do departamento separadas por tipos de produtos.

Exemplo:
Departamento = Perecíveis
Seções = PAS, Peixaria, Açougue, Salsicharia.

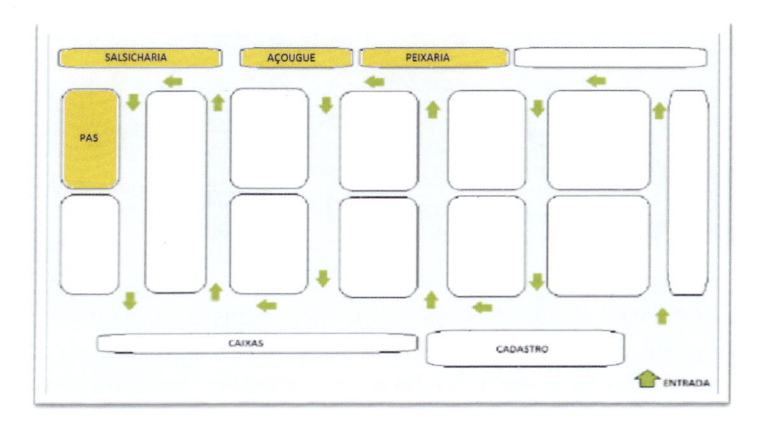

Layout de gôndola.

São distribuídos os produtos com características semelhantes. Por exemplo, uma gôndola com massas secas (macarrões) ou com refrigerados. No caso das massas, não é necessário nenhum tipo de cuidado especial de conservação, só de manuseio. Por isso não se coloca junto com refrigerados, e vice-versa.

Num *layout* de gôndola, são utilizados certos critérios para sua montagem. Um produto que tem maior giro fica em maior espaço, porque, se não for assim, logo são vendidos todas as unidades e seria necessário ter um funcionário só para abastecer aquele produto. Os de menor giro não podem ocupar espaços maiores, porque acabariam vencendo antes de serem vendidos. Em alguns supermercados adota-se agrupamento de produtos ou de marcas, ou colocam-se salsichas de todas as marcas num determinado espaço, ou todos os produtos, por exemplo, da marca "Saborosa" (fictícia) nele.

Quando um determinado produto está com preço promocional, ele certamente terá destaque na área de vendas, tanto no visual, com cartazes e trabalho especial, como em espaço, porque, se está mais barato, irá vender mais, consequentemente aumentará o abastecimento.

HORIZONTALIZAÇÃO E VERTICALIZAÇÃO DE PRODUTOS

Horizontalização de produtos.

Consiste em colocar um determinado produto ou marca numa mesma prateleira da gôndola. Ou seja, ficam expostos numa linha horizontal nas prateleiras.

Quando isso ocorre, as empresas fornecedoras travam uma verdadeira batalha para ver quem é que fica com as prateleiras que mais vendem, porque quem ficar nas prateleiras centrais, ou do meio da gôndola (isso como regra geral), venderá mais.

Exemplo: Geralmente os brinquedos de plástico vendem melhor nas prateleiras de baixo, porque é onde as crianças estarão vendo e pegando com maior facilidade.

Os fabricantes de brinquedos estarão disputando as melhores posições nas prateleiras de baixo. As crianças são consumidores fortes. Embora não paguem por suas compras, elas têm um grande poder de persuasão de seus pais.

Os bombons finos vendem mais nas prateleiras de cima, que é para onde as pessoas mais requintadas procuram os produtos que desejam comprar. Os fornecedores de bombons finos brigarão pelos melhores espaços nas prateleiras de cima.

A grande maioria de produtos vende mais nas prateleiras do meio, porque é onde estão mais à mão e mais à vista dos consumidores. É um consenso de busca que envolve pais, filhos, jovens, velhos, exigentes e mais simples, e outros tipos de pessoas que procuram os produtos que pretendem comprar. Então, a maioria dos fabricantes de produtos brigará pelos melhores espaços nas prateleiras do meio.

Verticalização de produtos.

É um processo invertido da horizontalização. Colocam-se os produtos ou marcas de cima até em baixo nas gôndolas, independentemente da venda de cada prateleira.

Não é menos fervorosa a batalha pelo melhor espaço nesse tipo de distribuição.

Quando a verticalização é por empresa, os fornecedores preferem agrupar os seus produtos, porque geralmente podem distribuí-los conforme *layout* próprio.

No exemplo de verticalização, a indústria distribui produtos (nobres) nas prateleiras de cima, os intermediários nas do meio, e os populares nas de baixo. E assim trabalham a maioria das empresas.

Se a verticalização for por produto, a briga fica parecida com a da horizontalização. Uma indústria de alimentos iria querer colocar seus temperos nas prateleiras do meio, e as outras também.

E assim se dá na loja toda, com todas as marcas e produtos.

O supervisor deve conhecer o *layout* proposto por sua empresa e no acompanhamento verificar se os promotores e vendedores estão defendendo essa ideia.

Já o papel do promotor de vendas é muito importante numa *"layoutização"*, porque, com seu relacionamento na loja, ele pode melhorar ou piorar a exposição de seus produtos; e o vendedor deve acompanhar e dar apoio ao promotor na loja de seus clientes.

Seja qual for a forma de exposição de produtos, as prateleiras não devem ficar vazias, porque, na cabeça do consumidor, prateleira vazia só tem resto que ninguém quer, portanto, ele não irá querer também.

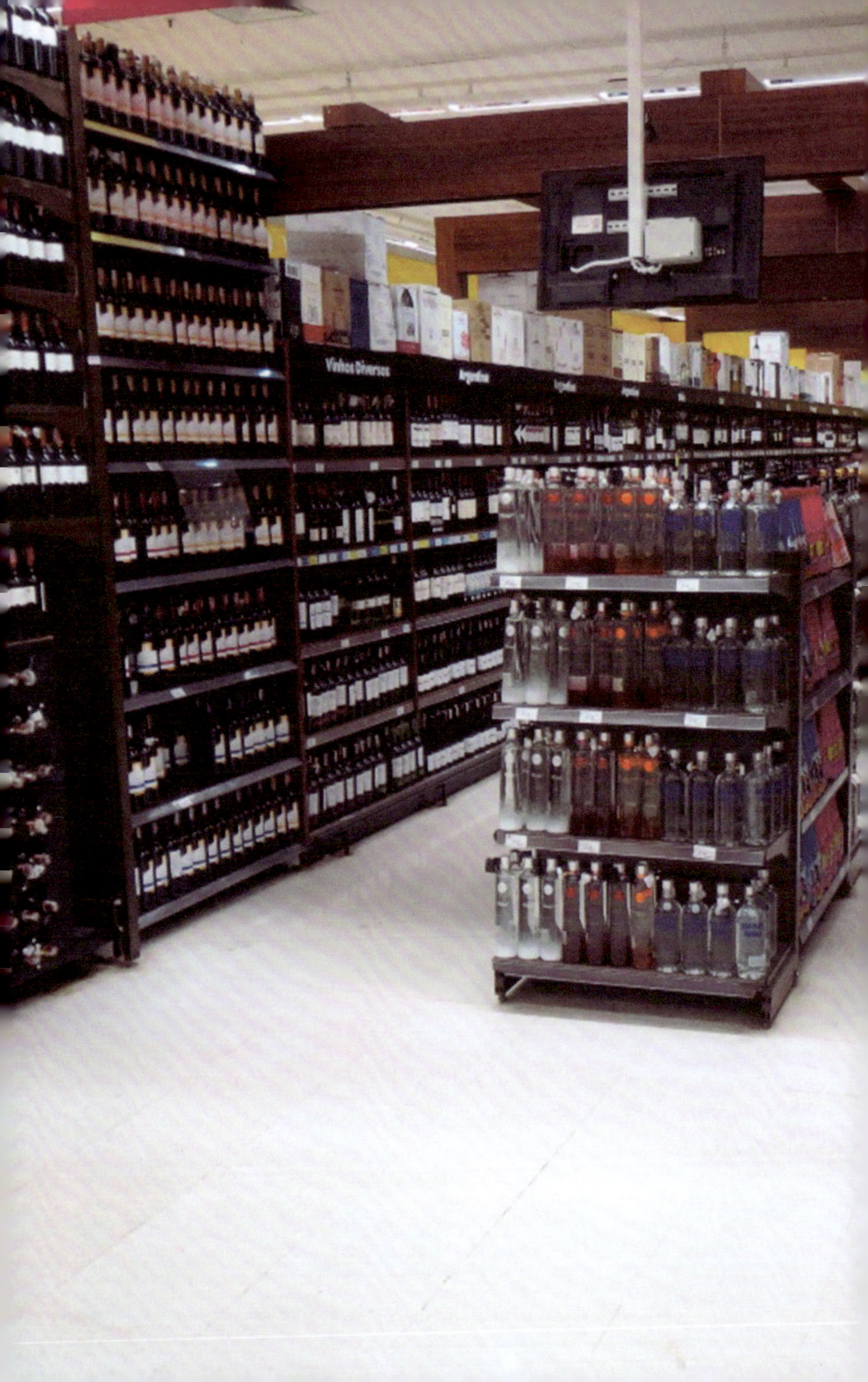
Vinhos Diversos

CAPÍTULO VI

Excelência no atendimento, vendas, *marketing* e ações da concorrência

EXCELÊNCIA NO ATENDIMENTO

É interessante como as coisas mudaram de alguns anos para cá.

O atendimento atualmente é de uma forma geral tão ruim que, ao se fazer o que deve ser feito – o básico, ou seja, o normal –, já é considerado uma excelência. Estou falando isso do ponto de vista de consumidor.

A dedicação ao resultado das vendas está tão importante que acabamos deixando de "atender bem", de "atender com excelência".
Vou tentar exemplificar de uma forma simples. Façamos de conta que só existe um único carro na sua cidade e este carro é seu. Não existem outras fábricas e o tempo é o maior inimigo desse veículo, em função da ferrugem, do desgaste natural etc. Como é que você vai cuidar desse carro? Penso que, se você for inteligente, vai cuidar como hastes de algodão, shampoo neutro, cera, silicone, capa na garagem, manutenção quase que diária, e por aí vai. Claro, se ele é único, não se pode perdê-lo.

Assim deve ser com os clientes. Trabalhando com excelência é como cuidar de seu único carro. Trabalhar seu cliente como se ele fosse único. Dar o melhor de si para cada um deles.

Como se faz isso? Bom, é difícil explicar em poucas palavras como atender com excelência cada um de seus clientes, porque cada um tem necessidades diferentes. O que deve ser feito é descobri-las. É fazer um rastreamento em cada canto do seu carro e verificar onde precisa de conserto, retoque de pintura, polimento, mecânica etc.

Quanto ao seu cliente, procure conhecê-lo melhor. Quais as suas necessidades, os seus anseios, seus projetos, suas metas, então fica mais fácil trabalhar nele, podendo dar o melhor de si para cada um.

Não acredito em mudanças radicais, ou seja, tentar fazer trabalho com excelência para todos os seus clientes ao mesmo tempo. O que vai acontecer é que vai faltar tempo para você dar conta do recado.

Fazer uma programação para atendimento excelente para alguns clientes que necessitarem mais, ou outro critério que você possa escolher, pode ser um bom início de caminho.

Se esse trabalho for gradativo e contínuo, em pouco tempo você terá atendido todos eles com excelência, e isso se tornará um hábito, mudando até as suas rotinas normais. Segundo Pareto, 80% dos seus problemas resultam de 20% dos seus clientes. Se você trabalhar forte em 20% dos seus clientes mais importantes, terá resolvido 80% dos seus problemas.

Quando falamos de atendimento, estamos falando diretamente sobre *qualidade*. E são tantas as definições de qualidade, que chega a ser polêmico esse assunto.

Há autores que falam que qualidade é inerente ao produto; outros, que a qualidade está na prestação de serviço; outros ainda, no atendimento das necessidades do cliente; e outros, que a qualidade é definida por cada empresa, adequando à sua realidade. Enfim, eu prefiro dizer que qualidade deve ser total, no conceito mesmo da questão. No conceito de *qualidade total*, está o envolvimento de todos os componentes da organização, independentemente do que ele faça.

Não consigo imaginar uma empresa fabricando um produto único, tendo uma equipe de primeira linha, tendo feito toda a lição de casa, e sua equipe de transporte falhar na entrega. Todo o conjunto ficou comprometido.

Comprei mesmo qualidade total para meus princípios profissionais.

Penso que quando o conjunto trabalha pelo melhor atendimento, todos trabalham menos e com mais qualidade. A satisfação do cliente será plenamente atendida em seus anseios, em suas necessidades. Assim é possível surpreendê-lo.

Dentro dos conceitos de qualidade total está o conceito de *cliente*. O cliente interno e o cliente externo.

O cliente externo é aquele que está fora de nossa organização, é o consumidor direto de nosso produto final como empresa. Já o cliente interno é aquele que está bem próximo da gente. São nossos colegas de trabalho.

É nesse conceito que as coisas mudam em uma empresa.

Vamos aos exemplos: quando um vendedor necessita de uma informação do RH e vai até o departamento, é comum os colegas pensarem: "Lá vem aquele chato de novo". Quando o pessoal de transporte precisa tirar dúvidas sobre notas fiscais para separação e entrega das mercadorias, vai até a contabilidade, e novamente o pensamento: "Esses caras não sabem resolver as coisas sozinhos?".

Ora, se todos pensarmos que se o funcionário José, do departamento financeiro, por qualquer razão necessitar de um atendimento (serviço) do departamento comercial, ele é um cliente do departamento comercial. Se ele é cliente, deve ser tratado como tal. Com respeito, atenção, dedicação e rapidez.

Quais os efeitos desse atendimento eficaz?

O José, tendo sido atendido com respeito e com qualidade, sempre se lembrará da forma como recebeu a atenção e fará o mesmo quando o departamento comercial precisar dele. Isso vira uma cultura e todos em pouco tempo estarão atendendo em harmonia. Tudo flui de maneira leve.

O difícil é mudar o conceito na cabeça das pessoas. Derrubar paradigmas, mudar comportamento.

Acredito que o exemplo é o melhor caminho. Se a direção da organização não estiver inserida neste contexto, nada vai para frente. Cada empresa é o que é por causa da sua direção.

Se quiser mudar conceitos na empresa, comece mostrando! As suas equipes irão copiá-lo mais do que o ouvir.

Para arrematar esse assunto de excelência no atendimento, pense em mostrar aos seus funcionários como é que se atende bem. E só tem um jeito de mostrar isto... fazendo.

Quanto à excelência para sua empresa, consiste em redução de custos aumentando as vendas.

Como fazer para reduzir custos de um processo de vendas em que muitos desses custos não são mensuráveis e outros não estão ligados diretamente à empresa?

Em todo nosso processo de venda, desde a visita do vendedor até a venda do produto ao consumidor final numa loja – e aí considerando que a venda da loja está vinculada ao nosso atendimento a este cliente –, existem muitas ações que podem ser melhoradas, e cada melhoria representa um percentual de economia.

No processo de venda, a cada visita, se seu vendedor estiver bem treinado e estimulado, ele fará vendas mais consistentes, coerentes e lucrativas, e isso fará com que haja menos retornos, devoluções de pedidos, trocas e desperdícios, e o vendedor ganhará mais no seu contracheque.

Conseguindo reduzir os problemas de entrega de mercadorias nas lojas, consequentemente estaremos aumentando nossas vendas e nossa lucratividade.

Se reduzirmos as trocas ou devoluções de produtos nas lojas, estaremos diminuindo retrabalho para os promotores, reduzindo perdas e prejuízos, e aumentando a lucratividade.

Tudo isto faz parte da excelência no atendimento, com um benefício direto e imediato para a empresa fornecedora. Claro que o maior beneficiado é sempre o nosso cliente.

VENDAS, METAS E AÇÕES NO PONTO DE VENDA

Cada um dos componentes de suas equipes vende individualmente, e no conjunto é você quem pode fazer a diferença.

Em primeiro lugar dando uma olhada para as equipes.

Aos seus vendedores, além dos planos estratégicos já apresentados pela diretoria de vendas, você pode mostrar mais três maneiras de vender mais sem mexer nos preços e sem aumentar gastos operacionais.

A **primeira** delas é reavaliar o atendimento e a maneira como cada um pode melhorar, em todos os aspectos, em seus clientes.

. Você pode começar no escritório, revendo o relatório de clientes ativos, os endereços, as regiões, a tabela de preços aplicada, o relatório de vendas por cliente, o *mix* de cada cliente, o atendimento dos promotores, os demonstradores, as pendências de trocas, as pendências de entregas, a contabilidade, e falar de como é cada cliente na visão do vendedor.

. Os roteiros de visita e os horários: confira cada um dos roteiros de visitas, porque, ao longo do tempo, nas regiões dos vendedores, clientes fecham suas portas e outros abrem, e os roteiros acabam ficando improvisados definitivamente.

Quanto aos horários, devem ser vistos os de atendimento dos clientes com o roteiro dos vendedores. Há clientes que começam às 6h da manhã e outros às 9h. O roteiro pode se adequar a esses horários.

Vi muitos vendedores que começavam a trabalhar quando o cliente que atende mais tarde começa. Ora, se o cliente mais próximo começa a atender às 10h, ele poderá ter perdido pelo menos duas ou três horas de vendas.

Veja também a assiduidade do vendedor, e o apoio técnico no que diz respeito a entregas, promotores, se for o caso, trocas, faturas, equipamentos, *displays*, entre outras coisas, e como o cliente está se sentindo em relação ao trabalho de suas equipes.

. A área de vendas e seus espaços: ver se os vendedores estão atendendo regularmente todos os seus clientes, se fazem o chamado "breve *merchandising*", ou seja, se põem a "mão na massa".

Para saber o quanto de produto cabe na área de vendas e se os que estão lá estiverem desarrumados, fica difícil até para o mais experiente avaliar quantas caixas de cada item ainda cabem nos espaços vazios.

Se possível, buscar nos depósitos os produtos que estão esperando para ser abastecidos e completá-los na área de vendas. Depois, outra coisa muito importante, que deve ser vista ao arrumar a área de vendas para o pedido, que é a data de vencimento de seus produtos, usando o PVPS.

Bom, essa é uma função do promotor de vendas. Mas se no momento da venda ele não estiver na loja ou caso não tenha passado por lá por aquelas horas, o vendedor mesmo é que deve fazer isto.

Penso que só depois desse pequeno trabalho o vendedor tem subsídios para fazer um pedido mais consistente, e quem sabe propor a inclusão de novos itens no *mix* da loja.

Quanto aos clientes, o maior número deles é formado pelos de pequeno porte. Porém, não são menos importantes, porque são os que melhoram a margem de preços médios para cima; enquanto que a minoria dos clientes são grandes supermercados ou redes, que movimentam um grande volume de produtos em suas lojas, mas derrubam os preços médios.

Normalmente os clientes grandes e redes são os que recebem promotores para atender suas lojas.

Claro que em lojas grandes existem promotores fixos que fazem essa parte de pré-pedido auxiliando, e muito, o vendedor. Nesses casos, é o vendedor quem deve acompanhar bem de perto o trabalho do promotor.

Nunca deixar as trocas para depois. Isso só acumula produtos, e os descontos serão muito maiores na devolução acumulada. Se nos colocarmos no lugar do cliente, poderemos saber como ele se sente em ter trocas esperando até meses para serem feitas, juntando sujeiras, insetos e roedores na loja. Quanto melhor atendermos, melhores serão as vendas!

A **segunda** maneira é melhorar o trabalho do vendedor.

Fica mais fácil convencer um cliente para comprar mais se o vendedor estiver atendendo bem.

Depois da confiança restabelecida ou reforçada, ele pode apresentar mais itens para aumentar o *mix* de produtos de cada loja. Esse também é um trabalho que acredito que deva ser feito aos poucos. Oferecer um produto a cada visita e acompanhar a demanda deles é muito importante para se conseguir aumentar as vendas. Sou partidário em não assustar o cliente. Oferecendo apenas alguns itens e fazendo o devido acompanhamento daqueles que forem novos, passa segurança para o comprador e será mais fácil convencê-lo a aumentar ainda mais o seu *mix*. É como o modelo Kaisen, que é uma ferramenta administrativa por meio da qual se fazem pequenos investimentos gradativos em que a lucratividade acompanha o crescimento, sem maiores transtornos.

O próprio vendedor sentirá mais confiança quando perceber que há demanda naquele item oferecido ao cliente. Se forem oferecidos muitos itens novos e alguns não girarem como esperado, isso fará com que o cliente não queira outra remessa de itens, e o aumento de vendas do vendedor parará por aí.

Se o item oferecido (único) não girar como esperado, o cliente sente que não perdeu muito e deixará as portas abertas a outra experiência.

Se sua empresa faz trocas, lembre-se de acompanhar, para não deixar acumular, principalmente os itens novos. Vamos lembrar que o cliente deve se sentir seguro com seus fornecedores.

Por fim, a **terceira**: garimpar novos clientes.

Pode-se saber sobre novos clientes perguntando a outros vendedores, ou até mesmo aos seus clientes atuais, mas, para mim, a melhor maneira é rodando! Se nos caminhos já feitos nos roteiros de visitas não são encontrados novos clientes, então deve-se andar por caminhos diferentes.

Eu usava um mapa de papel mesmo para marcar todas as ruas da minha região, e assim ter certeza de que havia andado por todas elas. Marcava com destaca texto as ruas pelas quais eu já andava e no visual tinha as ruas em que não havia passado. Hoje dá para fazer roteiros com os aparelhos de GPS, que costumam ser bem eficientes.

Com exceção de cidades planejadas, como Brasília, Maringá, nas outras cidades brasileiras existem ruas em que você pensa que não irá encontrar nada, e de repente... surpresa! Encontra um cliente em potencial.

O importante é persistir, e fazer uma revisão em cada região periodicamente.

Essas três maneiras são boas, e não dependem de recursos financeiros e nem de estratégias especiais, mas não são todas. Existem outras técnicas, e que também dependem de outras variáveis para se definir uma boa estratégia.

Quanto às vendas das equipes de vendedores, o profissional de vendas não pode ser apenas aquele que "tira pedido", mas aquele que aumenta a demanda de seus clientes, dando-lhe manutenção.

Para fazer isso não existe mistério, mas a compreensão de que se deve estar preparado e comprometido para atender todos os seus clientes.

Para estar preparado, é necessário que você conheça:
- Sua empresa e suas políticas.
- O *mix* de produtos oferecidos.
- O CVB – Características, Vantagens e Benefícios de cada item de produto da sua empresa.
- Quais são os concorrentes de cada produto ou conjunto deles.
- O plano de suprimentos.
- Quais as ações de vendas/*marketing* disponíveis para seus produtos.
- As tabelas de preços e condições de vendas praticados, inclusive as de seus concorrentes.
- Os dias de entrega dos produtos nas suas regiões.
- Quais os procedimentos em relação às trocas de produtos.
- Cada promotor de sua região, mantendo relação estreita com eles.

- Se possível, provar, usar, transformar seus produtos, para ter uma opinião mais apurada sobre o assunto.
- Participar assiduamente de todos os treinamentos, reciclagens, palestras, lançamentos, entre outras coisas que forem oferecidas pela empresa.

Para estar comprometido, o vendedor deve:

- Sair para trabalhar com todas as ferramentas necessárias para atender os clientes e executar suas atividades.
- Conferir todos os pedidos efetuados e as entregas realizadas.
- Cumprir rigorosamente o roteiro de atendimento e os horários, inclusive.
- "Brigar" em sua empresa por cada pedido realizado pelos seus clientes, antes que os produtos sejam reclamados.
- Nunca prometer o que não tem certeza de poder cumprir.
- Checar se o seu promotor tem frequentado a loja nos dias e horários marcados.
- Conferir se o trabalho do promotor está sendo executado corretamente, como estocagem no depósito, abastecimento usando o PVPS adequadamente, se está sendo mantido espaço conquistado etc.
- Efetuar as trocas de produtos, não permitindo acúmulos de uma visita para outra.
- Utilizar todo o MPV possível em cada cliente.
- Conhecer algumas particularidades dos responsáveis ou das pessoas do seu círculo de relacionamento da loja
- Propor sempre algo novo para ajudar nas vendas das lojas.
- Trabalhar sempre com a verdade, ainda que isso custe alguns pontos em suas vendas.

Isso é tudo? Claro que não. Mas conhecendo as políticas da empresa e as características de seus clientes, você poderá montar sua lista conforme a sua realidade.

Bom, se existe a figura do vendedor que é aquele que efetua a venda propriamente dita, anotando em um documento físico ou virtual, que é o pedido, os produtos que nosso cliente necessita, existem também o promotor de vendas e os demonstradores, que também vendem, e vendem muito.

Todo trabalho do promotor de vendas tem uma consequência, e é traduzida em vendas. Se o promotor fizer um bom trabalho nas áreas de vendas dos clientes, certamente venderá mais. Porém, essas vendas não são somente consequências de bom atendimento. Ele vende mesmo!

Muitas empresas, apesar de terem seus vendedores trabalhando diretamente com os clientes, necessitam do trabalho do promotor nas vendas.

O promotor de vendas, por estar bastante tempo dentro da loja, acaba tendo as melhores informações a respeito da comercialização dos produtos, das promoções, da concorrência, das necessidades do cliente, da demanda etc.

Para efetuar uma venda a um supermercado, o vendedor tem que examinar a área de vendas, para saber o que está faltando. Tem que fazer a contagem física dos produtos armazenados que ainda não foram para a área de vendas. Aí, sim, o vendedor pode saber quanto de produto cabe nos espaços abertos na loja. Isso sem falar nos pontos extras possíveis.

Para um promotor, o trabalho é um pouco mais complicado, porque ele tem que manter a área de vendas sempre limpa e cheia de produtos, deve manter um estoque no depósito que não seja demais nem de menos. Não pode faltar nenhum item de produto, de forma alguma.

Para um profissional vender bem, seguem abaixo algumas recomendações sobre vendas que servem também para o promotor de vendas numa situação que permita a ele uma negociação:

O promotor não irá conseguir passar todas as informações a respeito dos seus produtos se não os conhecer bem; portanto, ele deve estudar tudo sobre cada um deles, para ter boa argumentação a fim de fazer uma boa abordagem tanto ao cliente loja como ao cliente consumidor final.

Antes de falar com o comprador da loja, no cliente, deve prepare-se psicologicamente, para estar de alto astral e bom humor e, assim, iniciar uma conversa de forma positiva. Com isso, ele deve fazer com que toda a comunicação seja positiva. O promotor, em primeiro lugar, deve estar bem; depois deve falar dos aspectos de benefícios que o produto oferece em relação à concorrência, e também da lucratividade que será obtida.

Durante a conversa, aquele que ouve e pergunta mais pode conduzir o assunto e levá-lo para onde quiser. Durante a negociação, o promotor vai perguntar mais e falar menos. Aí estará demonstrando interesse nas necessidades do seu cliente e estará conduzindo a conversa para soluções, visando ao fechamento de pedido.

Vender não é fácil, porque o comprador quer que o vendedor o convença de que aquela compra será boa para ele. Não é só quanto ao produto, mas em relação à quantidade e à lucratividade, a cada venda. Ele, o comprador, fará todas as objeções possíveis, e você terá que as superar. Aí é quando entra a preparação anterior. Se você estiver com todas as informações necessárias, certamente passará por todas.

Vai chegar um determinado momento em que o comprador estará convencido a comprar, e dará sinais. Com orientação e tempo, você aprenderá esses sinais de cada um de seus clientes. Veja bem: depois que o cliente optar pela compra, naquele momento, não tente continuar vendendo, começando tudo de novo. A venda acabou! Você deve é fechar a venda e emitir o pedido, e se possível falar de outras coisas também agradáveis.

É importante que o promotor faça tudo em sintonia com o vendedor daquele cliente, e com a anuência do supervisor.

Quanto ao trabalho do demonstrador, é tão importante quanto o do promotor, e em alguns aspectos pode ser até mais importante, porque ele tem contato direto com o consumidor final, em nossos clientes.

Com relação ao produto trabalhado em determinada loja, ele irá criar uma demanda que ficará estável por muito tempo. Ele, por ter contato direto com o consumidor final, poderá explicar tudo sobre o produto, gerando no consumidor o desejo de comprar. Essa venda, se for bem feita, estará também fidelizando esse cliente, com resultados futuros importantes.

A captação de informações desses profissionais dará subsídios para outras promoções, em outros clientes, bem como para saber o que esperar daquele produto no resultado de vendas da sua empresa.

É interessante que o demonstrador tenha o apoio do promotor de vendas e do vendedor, no que diz respeito ao abastecimento, às negociações na loja, ao perfil do cliente consumidor, entre outras coisas. Todos serão beneficiados.

PROMOÇÃO

De todas as empresas que conheci, não vi nenhuma que não fizesse algum tipo de promoção.

Alguns vendedores acreditam que promoção dá trabalho e retiram parte da sua comissão. Isso não é verdade, pois as promoções aumentam a demanda da loja e, segundo minhas últimas informações estatísticas, cerca de 10% das vendas efetuadas durante o período de uma promoção se transformam em demanda permanente, ou seja, se foram vendidas 100 caixas de um determinado produto, em uma ação durante um período, dez dessas caixas passarão a fazer parte da demanda daquela loja permanentemente, até que se faça algo para mudar isso.

O vendedor pode perder mais tempo em um cliente que estiver fazendo alguma promoção, mas estará ganhando confiança dele e aumentando suas comissões em longo prazo.

O supervisor deve estimular e cobrar de todas as equipes quando em campanhas promocionais. Tudo deve funcionar como um relógio: o estoque, as equipes de vendas, a expedição, a entrega, os promotores e os demonstradores, e os acompanhamentos detalhados sobre o andamento em cada cliente.

Quanto mais rápido receber informações de distorções, melhor. Uma promoção pode marcar positiva ou negativamente uma empresa fornecedora. Por isso a importância da agilidade nas correções de imprevistos. Todos devem estar atentos.

Todos nós sabemos que é improvável que exista um trabalho promocional sem "ruídos"; porém, se o cliente perceber a sua atenção, relevará com facilidade as distorções.

As promoções têm seus objetivos, como baixar os estoques, criar demanda, bloquear concorrência, aumentar lucratividade, aumentar áreas geográficas de atuação, lançar produtos, e por aí vai.

Numa promoção, é muito importante de se utilizem todos os recursos que a sua empresa disponibiliza mais os que você e suas equipes criam.

Além da facilidade de estar mais tempo na loja, o promotor deve estar atento às oportunidades de promoções que poderão ser feitas.

Se surgir uma oportunidade, o promotor deve entrar em contato com o vendedor o mais rápido possível, para elaborarem juntos uma boa promoção.

Exemplo: você trabalha numa empresa fabricante de sabonete e durante o trabalho descobre que seu maior concorrente está com um problema sério na fábrica e terá dificuldade em entregar seus pedidos. Aí está uma boa oportunidade para uma promoção. Trabalhando rápido, você poderá colher bons frutos.

Se seu concorrente não pode entregar os sabonetes, você poderá aumentar os seus pedidos, e além de ganhar um espaço extra, poderá conquistar os clientes do seu concorrente.

Uma promoção pode ser:

- **de preço** – quando seus produtos terão os preços abaixados por um determinado tempo, ou quando seus estoques estão altos e podem vir a ter problemas com data de **validade**;
- **de produto e/ou de linha de produtos** – quando um determinado produto está perdendo terreno frente à concorrência, ou quando se está lançando um produto no mercado, ou relançando um produto com um *plus* qualquer. Nesse caso, quase sempre vem acompanhado com preço baixo, mas não é regra.

Em cada promoção deverá haver sempre cartazes informando sobre o que está acontecendo. O vendedor e o promotor são responsáveis por isso.

RELAÇÃO CUSTO X BENEFÍCIO

Quando se faz uma promoção, deve-se calcular a quantidade extra de produtos que será vendida, os valores que serão gastos e os benefícios que teremos em troca.

Uma promoção em que não se ganha nada em troca não faz sentido.

Quando se planeja fazer uma promoção, deve-se ter como raciocínio as seguintes informações, para elaboração do cálculo.

De uma forma bem básica, segue o cálculo para análise (criamos siglas, para facilitar):

CT = Custo Total   (CT = CF + CO)
CF = Custo produto para fornecedor (de fábrica)
CO = Custo da operação
BE = Benefício esperado (BE = D - CO)
PV = Preço do produto (normal)
PP = Preço de venda (promocional)
D = Diferença (D = PP - CF)

Vamos a um exemplo: você tem que fazer uma promoção com caixas de sabão em pó.

Informações mínimas para cálculo:

Venda normal em uma semana: 6.300 unidades
Quantidade projetada para venda na promoção: 24.000 unidades
Período de promoção: 14 dias
Cada unidade custa para cliente: R$ 6,05 (preço normal)
Preço por unidade para cliente: R$ 5,57 (preço p/promoção, - 8%)
Preço de venda consumidor: R$ 7,90 (normal)
Preço de venda consumidor: R$ 6,95 (na promoção)
Quantidades em cada caixa: 10 unidades
Desconto projetado: R$ 11.616,00 (8% x 24.000 un.)
Pagamento de ponto extra: R$ 6.000,00
Custo da ação: R$ 17.616,00
Venda normal em duas semanas: R$ 76.230,00
Venda promocional em duas semanas R$ 133.680,00

CT = Custo total	R$ 17.616,00
DP = Desconto projetado (8%)	R$ 11.616,00

PE = Custo do ponto extra R$ 6.000,00
PV = Preço do produto (normal) R$ 145.200,00
PP = Preço de venda (promocional) R$ 133.680,00
D = Diferença R$ 11.520,00

CT = DP + PE   CT = 11.616,00 + 6.000,00 = R$ 17.616,00
D = PP − PF   D = 145.200,00 − 133.680,00 = R$ 11.520,00

Você tendo uma margem de 18% para trabalhar esse produto, e na promoção sobraram 10%, porque foram usados 8% de desconto extra.

O preço praticado no cliente normalmente é de R$ 6,05 a unidade, e com o desconto de 8% para a promoção, passou para R$ 5,57.

Sua margem é de 10%, R$ 0,60 X 24.000 unidades, que dá R$ 14.400,00.

Foram pagos R$ 6.000,00 de ponto extra para o cliente, mais o desconto cedido de R$ 11.616,00; então o resultado final é de R$ -3.216,00. O resultado financeiro, embora pareça negativo para o momento, como ação foi positivo, porque a demanda teoricamente aumentou em 10% dos produtos vendidos na promoção, ou seja, 1.200 unidades por semana; isso dá um valor de R$ 1.306,80 por semana.

Em menos de um mês esse valor terá se revertido, e passando a dar lucro, com aumento de demanda para aquela loja.

Se não considerarmos os valores do desconto, então teremos um saldo positivo no final da promoção.

Vejo como positivo o resultado do exemplo, porque a ação terá aumentado em 570 unidades por semana as vendas daquele item na loja, o que representa 11,05% a mais de demanda.

Nos casos reais de promoção, haverá uma pressão, o que é perfeitamente natural, do cliente, querendo o melhor preço, com o maior prazo de pagamento, bonificação em produtos ou dinheiro, brindes, compromisso de entrega, devolução de produtos não vendidos etc., etc.

Você não precisa ceder o tempo todo, em todas as coisas, para atender bem seu cliente. Lembre-se de que um negócio tem que ser bom para ambas as partes (ganha-ganha). Siga as recomendações da sua empresa.
Também é importante saber algumas coisas sobre política de preços.

POLÍTICA DE PREÇOS

A política de preços é o que a sua empresa determina como normas relativas a preços para serem praticadas com seus clientes. Vamos falar agora sobre alguns conceitos praticados no mercado, porém não podem ser vistos como verdades absolutas, em função das diferentes estruturas das empresas, dos regionalismos, dos conceitos próprios de empresários, entre outras variáveis. Então, vamos a elas.

Preço médio:

E o resultado da média aritmética entre os valores de vendas mínimos e máximos conseguidos no mercado.
O cálculo do preço médio deve ser: a soma de todos os valores de vendas dividido pelo total de itens do produto.

Preço mínimo:

É o menor preço que poderá ser praticado para um determinado produto. Para utilizar um valor inferior ao preço mínimo, um vendedor deverá ter a anuência do seu supervisor de vendas. Essa prática nivela por baixo o preço médio.

Preço de posicionamento:

É o preço verificado no ponto de vendas nos clientes em relação aos preços praticados com os produtos da concorrência. Se a política for estar 10 % abaixo de algum concorrente, por exemplo, os preços de mercado deverão ser monitorados, para serem mantidos sempre com os 10 % abaixo daquele concorrente, para não fugir desse posicionamento. Caso os preços estejam defasados, corrigi-los, para que não ocorram casos de encalhes e vencimento nas áreas de vendas.

Cada empresa adota um posicionamento para cada item ou grupo deles no mercado em relação aos preços de seus concorrentes. Ex.: Uma empresa fornecedora de um produto X quer estar posicionada no mercado com percentual de preço em 8% acima em relação ao concorrente Y, e assim deve estar.

Se, por uma razão específica, for necessário alterar este índice para cima ou para baixo, esse procedimento não deve ser utilizado por muito tempo, para não reposicionar o preço daquele produto no mercado.

Por que o preço de posicionamento é importante? Na cabeça do consumidor, os produtos têm uma relação íntima entre preço e qualidade. Um produto barato é teoricamente de menor qualidade do que outro com preço mais alto, e vice-versa. Cada produto ou grupo deles tem seu cliente específico, ou pela marca, pela qualidade ou pela quantidade, que já estão estrategicamente posicionados no mercado.

Se algumas mudanças de preços forem por muito tempo, acaba-se ganhando novos clientes e perdendo outros.

Geralmente isso não é bom, em função de sua estratégia de mercado previamente determinada por sua organização.

Preço de varejo:

É o preço que normalmente se pratica com tabela cheia, que é a tabela sem nenhum desconto, por meio da qual se consegue maior resultado de preço médio e ao mesmo tempo se tem os maiores custos operacionais.

Praticar descontos para os clientes de varejo pode representar prejuízo, porque o custo operacional é muito maior do que para clientes de grandes volumes. Entregar uma carreta de um determinado produto a um só cliente custa menos que entregar o mesmo volume para diversos clientes.

Quais são os clientes que tem tabela cheia? São os clientes que fazem compras mais fracionadas e em menor quantidade. Isso acaba acarretando maior custo operacional com vendedores, entregadores, controles etc.

Quanto maior o volume comprado por um cliente, menor o custo operacional e maiores os descontos.

Preço de distribuidores:

Os distribuidores têm tabelas de preços diferenciados, porque geralmente as faturas são emitidas contra eles. Assim, os distribuidores de sua empresa terão uma tabela de preços própria para atender seus clientes.

Esses distribuidores compram os produtos e emitem as notas fiscais para os clientes com preços diferenciados, colocando suas despesas e a margem de lucro em cima. Os distribuidores também devem acompanhar os preços de posicionamento.

Para os distribuidores, costuma-se dar prazos de pagamentos diferenciados dos prazos dos clientes diretos dos produtores.

Descontos de RCAs (Representantes Comerciais Autônomos):

São preços praticados com descontos autorizados pela gerência ou diretoria regional. Para praticar a tabela dos RCAs, deve-se cuidar para não levar para baixo os preços médios dos produtos.

Os RCAs normalmente trabalham clientes que estão fora da rota normal dos vendedores das equipes, ou em regiões específicas, que estrategicamente se optou por esse tipo de colaborador.

Os Representantes têm todas as responsabilidades de um vendedor da equipe, porém com o acréscimo da coleta, do transporte, da entrega, da troca, do recebimento e dos acertos de contas de suas vendas. Eles têm também descontos diferenciados, por causa dos custos adicionados às suas funções e que desoneram a empresa.

São acompanhados pelos supervisores em todas as fases do seu trabalho, em seus equipamentos e nos acertos de contas.

ATENÇÕES NO MERCADO

Participação no varejo e principais redes:

Praticar diariamente, com a verificação constante de todos os itens do *mix* de produtos da empresa, quanto à presença destes nos seus clientes. Cobrar instantaneamente do vendedor responsável pelo atendimento daquele cliente, quando observar a ausência de um ou mais determinados itens dos seus produtos, e pedir providências. Nos clientes de varejo, ou pequenos clientes, estar atento para oportunidades de inclusão de itens no *mix*, e nunca deixar que algum produto deixe de ser vendido, saindo do *mix* da loja, por qualquer motivo. Sintonia com os RCAs.

Ações da concorrência:

A concorrência sempre está fazendo alguma coisa, ou por iniciativa própria ou por reação a alguma ação nossa ou de outro concorrente. Se qual for o motivo, isso pode resultar em prejuízo para nossa empresa. Para cada ação devemos responder com uma reação, de forma rápida e eficaz. O melhor é quando agimos antes dos concorrentes (sendo proativos), e para isso devemos elaborar um calendário de datas especiais, com ações bem elaboradas. É muito importante estar em sintonia com a indústria na elaboração do plano de suprimentos, para ter os volumes produzidos, e então, sim, saber quais os produtos a serem trabalhados e as devidas quantidades.

Ações da empresa:

Montar Plano de Ação utilizando 5W 2H para as ações especiais. Veremos mais à frente, no Capítulo VII, Trabalhando no mercado, Item Ações da empresa.
Montar um *checklist*, para verificação dos itens que devem ser acompanhados para todas as ações elaboradas.
Agir com antecedência.
Datas especiais próximas, volta às aulas, páscoa, dia das mães etc.

Tendências:

Estar atento às tendências de mercado, seja na demanda ou na política de preços. Acompanhar o mercado, para ganhos de preço médio, e resistir, em caso contrário. É importante verificar também os volumes.

Oportunidades:

Estar atento e organizado, para um melhor aproveitamento das oportunidades, que aparecem todos os dias no mercado, como exemplo, um fornecedor (concorrente) que deixou de atender um determinado cliente, por alguma razão, e foi cortado da loja. Essa é uma oportunidade para vender produtos similares e ocupar os espaços deixados por esse concorrente, e conquistar o consumidor final, que ainda não conhecia seus produtos.

Nunca deixe que seu cliente conheça seu concorrente, porque ele pode gostar dele e mudar de fornecedor.

Trocas de produtos:

São feitas trocas de produtos para clientes onde fazemos atendimento direto, ou seja, através dos nossos funcionários, e estas devem ser bem acompanhadas e administradas. As trocas dos RCAs correm por conta e risco deles. Somente são feitas trocas para RCAs quando constatadas falhas e/ou defeitos de fabricação, ou seja, por culpa da fábrica. Para isso, o lote com problema deve ser acompanhado, para análise.

Materiais de ponto de venda (MPVs):

Todos os vendedores ou promotores de vendas, e em alguns casos até demonstradores, também são responsáveis pela colocação e pela manutenção dos materiais de ponto de venda, que são cartazes, aparadores, *displays, mobílies* , e outros materiais de *marketing* utilizados pela empresa nas áreas de vendas dos clientes. Veja mais detalhadamente, também mais à frente, no item "Materiais de ponto de venda".

Distribuição:

Mix **de produtos**. Acompanhar diariamente a distribuição de nossos produtos aos RCAs, distribuidores e vendedores. Todos os clientes devem ser visitados periodicamente, para constatação real do que acontece nos pontos de vendas. O principal é o *mix* de produtos, que deve ser o melhor em cada cliente.

Abertura de novos clientes. Para cumprir o plano de ação para o ano corrente, acompanhar os RCAs, os distribuidores e os vendedores, para que sejam atendidos todos os clientes da região, sendo novas empresas, clientes inativos e clientes em potencial. E basicamente rodando em todas as ruas da região, para verificar a existência desses novos clientes.

Recolhimento de informações. A cada visita de clientes que se utiliza de tabloides, jornais, folders, devem recolher um exemplar para análise e arquivo. Nesses tabloides deve-se verificar cada um dos itens nossos e da concorrência. Com isso acompanhamos os lançamentos, as ações especiais da concorrência e nossos próprios trabalhos aplicados naqueles clientes. O arquivamento é importante, para consultas futuras.

Comparecimento periódico nos clientes. Os clientes devem ser visitados semanalmente ou periodicamente, em número de dias correspondente ao grau de importância para a nossa empresa. As lojas de redes devem receber visitas com maior frequência, porque servem como indicadores de mercado.

O QUE É MERCHANDISING

São muitos os conceitos de *merchandising*, mas, na verdade, eles convergem para o auxílio direto ao produto, em sua imagem, com o implemento de atividades que possam, de alguma forma, melhorar o produto no que diz respeito às vendas.

No nosso caso, podemos chamar *merchandising* de apoio logístico do produto no supermercado.

Merchandising é tudo aquilo que se agrega a um produto ou grupo deles na área de vendas, visando atrair ao máximo o consumidor, fazendo-o sentir desejo em adquiri-los.

A American Marketing Association tem um conceito de *merchandising*: "É um conjunto das operações de planejamento e de supervisão da comercialização de um produto ou serviço, nos locais, períodos, preços e quantidades que melhor possibilitarão a consecução dos objetivos de Marketing".

Podemos dizer então que *merchandising*, para supermercados, é o conjunto de ações diretas nos produtos, executadas com a finalidade de melhorar os aspectos de exposição para aqueles já colocados nas áreas de vendas, objetivando ganhar, na disputa com os concorrentes, a atenção dos clientes da loja, despertando nestes o desejo de compra.

Também podemos utilizar o mesmo material em treinamentos, feiras e outros eventos que tenham objetivos afins, ligados aos mesmos produtos.

COMO UTILIZAR

Costuma-se falar "fazer um breve *merchandising*" na área de vendas. Isso é o mesmo que, por exemplo, arrumar os produtos nas prateleiras, ou limpá-los, ou reordená-los, para que tenham um novo e mais atraente *layout*, com isso chamando mais a atenção dos clientes consumidores.

Olhar para seus produtos na loja e imaginar o que pode ser feito para eles se tornarem mais atraentes é mais uma função do supervisor.

Os produtos devem chamar a atenção pela boa imagem e aparência.

Se sua empresa tem e fornece material de ponto de venda ou material de *merchandising*, use todos os que forem possíveis e permitidos no trabalho com seus clientes.

Ao trabalhar um produto ou área de vendas, primeiro verifique todo o material já colocado, veja se não há cartaz rasgado ou danificado, se os aparadores de gôndola não estão quebrados, e assim por diante.

Substitua os ruins por novos e coloque aqueles que ainda não estão expostos.

Olhe bem, para ver se as embalagens estão com as faces viradas para o cliente, se estão limpas e se não há nada que possa fazer para melhorá-las, tanto em relação a como estão os seus produtos, como em relação aos produtos dos concorrentes.

Seu MPV deve estar mais bem colocado e posicionado.

Cuidado para não poluir visualmente o ambiente. Colocar cartazes em demasia só dificulta a visualização e identificação por parte do consumidor e, certamente, não terá o efeito esperado.

Não utilize material estragado, rasgado, amassado ou sujo, porque assim estará mostrando uma imagem distorcida de sua empresa.

QUAIS SÃO SEUS BENEFÍCIOS?

Podemos falar muito dos benefícios do *merchandising*, mas coloquei os que considero mais importantes.

1º - O embelezamento da loja ou da área de vendas. Quando se utiliza do *merchandising*, visualmente melhora bastante a área trabalhada. Chama a atenção.

2º - Fixação do nome do produto ou marca. Se o produto, ou grupo deles, estiver arrumado, limpo, bem exposto, o consumidor, mesmo que não compre nada, ficará com aquela imagem boa na cabeça. Certamente, numa próxima compra, irá se lembrar daqueles produtos.

3º - A venda propriamente dita. É muito bom ver seus produtos que foram trabalhados com *merchandising* serem comprados pelos consumidores finais na loja. Seus estoques saem, a preocupação com os vencimentos diminui, e atinge-se um dos objetivos principais com relação aos clientes, que é a venda.

4º - Satisfação do consumidor final. Quanto melhor for o trabalho feito sobre um determinado produto ou marca, maior será a satisfação do consumidor final. O *merchandising* mostra que o que ele quer, necessita e procura está ali no seu produto.

5º - Satisfação do seu cliente supermercadista. Todos estão olhando para seus trabalhos. E quem não gosta de ver sua casa arrumada para receber seus visitantes? Podemos falar também das vendas, que serão melhores.

6º - Satisfação da sua empresa. Seus superiores e colegas que estarão visitando aquela loja farão comentários sobre seus trabalhos e os resultados deles.

7º - Satisfação pessoal. Ao final do seu trabalho, olhe o resultado. Observe como ficou diferenciado dos demais. Na pior das hipóteses, melhor do que estava antes. Tenho certeza de que a satisfação pessoal virá, pela iniciativa, pela criatividade, pelo desempenho, pelo dever cumprido e pelos resultados diretos e indiretos, que virão juntos.

8º - Alcance de metas e cobertura de quotas. Ao se trabalhar um produto, ou um conjunto deles, certamente se venderá mais. Todas as empresas estipulam tecnicamente suas metas ou cobertura de quotas para as equipes de vendas. Melhorando as vendas, a probabilidade de isso acontecer é muito maior.

9º - Formação de demanda. Esse é um efeito colateral positivo da venda. Se mais consumidores estão levando seus produtos, mais serão os que os estão conhecendo e acabarão se tornando consumidores efetivos. Muitas vezes, o simples fato de um cliente provar um produto faz com que ele se torne tão fiel, que será muito difícil que aquele consumidor mude de marca. Não é regra geral, mas funciona bastante.

10º - Demonstração de proatividade aos seus concorrentes. É muito bom ver numa loja que você fez um trabalho melhor que seu concorrente. Na mesma hora ele sente que você tem força, inteligência, organização, profissionalismo, e está muito bem relacionado com o seu cliente. O ideal é que o promotor seja proativo todas às vezes.

Não coloquei em ordem de importância esses itens acima, porque isso varia de caso para caso.

MATERIAIS DE PONTO DE VENDAS

A maioria das boas empresas fabricantes desenvolve produtos de *merchandising* próprios para serem colocados nos seus clientes, com a intenção de promover seus produtos e aumentar as vendas. Ou elas têm um departamento próprio de *marketing* ou contratam uma prestadora desse serviço.

Esses materiais de ponto de venda, ou MPVs, podem ser:

Institucionais, que quer dizer materiais que promovam o nome da empresa ou uma marca, como, por exemplo: pneu, nesse caso não importa o tipo ou modelo do produto.

De produto, que são usados para trabalhar uma promoção específica. Nesse caso, pode ser para um produto ou um grupo deles.

Alguns exemplos desses materiais:

- cartazes – são aqueles que estamos acostumados a ver em todos os tipos de estabelecimentos, com ou sem moldura, feitos em papel ou chapa de PVC;

- cartazetes – são iguais aos cartazes, porém em tamanho menor;
- panfletos – são distribuídos diretamente aos consumidores ou são colocados junto aos produtos, na loja;
- móbiles – é como são chamados todos aqueles materiais que são pendurados por fios. A apresentação dos móbiles é muito rica, pois as empresas fabricantes deles estão cada vez mais criativas e o produto permite inúmeros tipos de variações. São materiais muito caros, por isso são colocados em lojas com maiores volumes de vendas;
- infláveis – são aqueles balões de plástico, que vão desde os pequenos até os gigantes. São feitos balões comuns, em forma de mascotes dos fornecedores, ou em forma de produto, todos podem ser para uso interno ou externo da loja. Para utilização desses infláveis, também são usados critérios de volume de vendas. Quanto maior a venda, maior o empenho da promoção;
- aparadores de gôndolas – são feitos de papelão ou PVC (plástico). São aqueles que a gente vê segurando os produtos nas prateleiras. Nas lojas de rede que já possuem um critério próprio de sinalização visual, normalmente não permitem o uso desse e de muitos outros MPVs. Os aparadores de gôndolas ou réguas são muito usados em lojas de menor porte;
- papel de prateleiras – são papéis em rolo, com a marca da empresa ou de um produto, que são utilizados para preparar trabalhos especiais nas lojas, cobrindo caixas, enfeitando prateleiras;
- aramados – esses são de diversos tamanhos e de diferentes tipos e formatos. São caixas, prateleiras, suportes, cestos e outros feitos de arames ou barras de ferro redondas mais grossas, utilizados em lojas onde o espaço físico nas prateleiras ou gôndolas seja deficiente. Os aramados são

colocados em pontos extras, e são ótimos para ganhar da concorrência em metragem de espaço e em resultado de vendas;

- caixas de ponto extra – essas têm mais ou menos a mesma função dos aramados, porém com menor vida útil, pois o material, que é papelão, é mais frágil. São geralmente de menor tamanho, por causa da resistência do material e da facilidade de colocação na loja do cliente. Utilizam-se para promoções curtas e de produtos não perecíveis. São também colocadas em pontos extras, espalhados pela loja;
- sacolas plásticas – são utilizadas em promoções, muitas vezes em parceria do fornecedor com o cliente. Para isso, são colocados o nome do cliente, para identificar a loja, e o fornecedor ou produto dele, para caracterizar a parceria;
- brindes – podem ser canetas, camisetas, sacolas, chaveiros, agendas, calculadoras e outros inúmeros produtos.

São distribuídos geralmente para os clientes e, num menor número e casados com promoções, também para consumidores. A distribuição de brindes para consumidores é feita mediante a compra do produto que esteja em promoção. Muitas vezes os brindes são colocados (grudados) nesses produtos ou vinculados a embalagens, ou ainda são sorteados, mediante preenchimento de cupons.

Há vários outros tipos de MPVs, como folhetos com receitas e promoções, banners, faixas, adesivos, *displays*, etc. Seria difícil falar de todos, porque a cada dia estão se criando coisas novas.

Você, supervisor, deve estimular seus promotores a também criarem MPVs. Basta que eles usem criatividade. Eles podem construir um protótipo do seu invento e apresenta-lo ao departamento de *marketing* da sua empresa. Se a ideia for boa, certamente será aproveitada.

CONCORRÊNCIA: COMO AGIR FRENTE A ELA

Duas coisas acontecem quando você se depara com a concorrência. A primeira delas é a **AÇÃO**, a atividade da concorrência diante das suas próprias necessidades.

Isso quer dizer que, por alguma razão, seu concorrente executa alguma atividade para resolver seu problema. É quando se inicia algo novo, como por exemplo, enfeitar com material festivo a loja de um cliente por ocasião do aniversário dessa loja, ao mesmo tempo em que ele sai na frente, provoca uma reação de todos os seus concorrentes, que certamente farão outras promoções para outros clientes, para combatê-lo.

Nesse caso, você também tem que reagir, para neutralizar essa ação.

A segunda é a **REAÇÃO**, quando o seu concorrente reage à ação de um terceiro concorrente ou a uma ação sua mesmo.

Se a reação for por causa de um terceiro concorrente, atingirá você indiretamente, porque suas vendas serão reduzidas, com certeza. Entrar com uma terceira promoção pode não ser uma boa ideia, porque pode criar a maior confusão na cabeça do consumidor, gerada por "poluição promocional".

O melhor é preparar uma boa ação para iniciar assim que terminar as dos concorrentes.

Se a reação for a uma ação sua, o melhor é reavaliar a sua promoção, e não deixar cair a qualidade do seu atendimento até o final.

Vamos falar então das ações do seu concorrente, e do que você pode fazer para neutralizá-las.

Ações do concorrente.

a - **Compra ou conquista de espaço físico no cliente**. É quando ele conseguiu, de alguma maneira, aumentar seu espaço na área de vendas, ou seja, um ponto extra na loja, que, com certeza, foi tirado de algum outro produto.

Normalmente os outros concorrentes são os últimos a saber desse tipo de ação, e quando isso acontece, o responsável (na loja do cliente) tira espaço daquele que atende pior seus interesses.

Os interesses podem ser: aumento de venda, aumento de lucro, aumento de circulação de consumidores na loja, manutenção de tudo isso, etc.

Reação: Você, independentemente da situação, só terá que atender da melhor maneira possível seu cliente; e ele, se tiver que tirar seu espaço, o fará de forma mais cautelosa.

Se a área de vendas disponibilizada para seus produtos estiver cheia, bem abastecida, bem organizada, limpa, dificilmente será reduzida.

Você, junto com seus vendedores, pode apresentar uma nova proposta promocional – que, para vocês, será para combater seu concorrente naquela loja, mas para seu cliente será para melhorar as vendas da loja e aumentar a lucratividade.

b - **Compra ou conquista de item de cadastro.** Muitos clientes cobram por item cadastrado na loja, para incluí-lo no cadastro de fornecedores. Quando um item de produto de um fornecedor é incluído no cadastro do cliente, acontece o mesmo que no caso anterior, ou seja, os outros fornecedores perdem algum espaço.

Reação: Haverá uma guerrinha interna de fornecedores pela recuperação de seus respectivos espaços, e você terá que também atacar como puder.

Para se defender, faça além do que foi dito no item anterior: faça com que seu promotor coloque seus produtos de menor giro nas fronteiras com os concorrentes, e os de maior giro no centro do seu espaço, se os produtos estiverem agrupados; porque, se houver "buracos", estes estarão no centro, onde é difícil ser tomados pelos outros.

Se seus produtos não estiverem agrupados, a melhor maneira é que os promotores mantenham os espaços completamente cheios o tempo todo e monitorem todo e qualquer espaço com seus produtos.

Qualquer alteração na loja do cliente, o promotor e vendedor devem estar orientados para comunicar a você e solicitar ajuda.

c - **Participação em jornais,** folders **ou encartes.** O fornecedor participa com verba financeira ou com produtos, para estar presente nas promoções da loja, sejam promoções periódicas, ou eventuais.

Reação: Um produto encartado (colocado em encartes) é sempre um atrapalho para aqueles que não estão participando; mas, ao mesmo tempo, pode ser uma oportunidade para você se superar.

Vi muitas vezes um determinado fornecedor anunciar ao cliente um ou vários produtos para promoção, e não ter estoque suficiente para atender àquela demanda. O cliente (loja) terá, obrigatoriamente, que atender seus consumidores, e procurará um fornecedor que tiver produtos similares, para abastecê-lo.

Você, por sua vez, não poderá perder essa oportunidade. Acompanhe atentamente os estoques da loja e a chegada dos produtos postos em promoção . No caso de qualquer falha, sua equipe deve estar preparada para atacar. Se estiverem atentos, monitorando as promoções, seus comandados poderão participar com louvor, tomando o mérito do concorrente.

Lembre-se, o mesmo pode acontecer com você. Para participar de um encarte com seu cliente, verifique, com absoluta certeza, se haverá estoque suficiente, entrega e pessoal para atendê-lo, no período integral da promoção.

Essa é uma responsabilidade do vendedor ou do supervisor, mas nada impede que o promotor também tome a iniciativa e mostre seu potencial. O supervisor deve treiná-lo para isso.

d - **Lançamento de produto no mercado.** Um determinado fornecedor, concorrente seu, lança um produto no mercado. Existe também alguma semelhança com a situação anterior, mas com uma diferença muito importante. Um produto novo no mercado, apesar de estudos antes de lançá-lo, pode não ser bem aceito. Aí, do jeito que apareceu, ele desaparece.

Reação: Produto novo significa quase sempre perda de espaço, inclusive de quem está lançando. Como se costuma dizer por aí, os espaços das prateleiras ou gôndolas não são elásticos; portanto, quando entra um produto, outro tem que abrir espaço.

Os vendedores, promotores e demonstradores devem estar atentos ao atendimento daquele fornecedor, à saída do novo produto, aos estoques, aos outros concorrentes, e tudo deve ser passado ao supervisor.

Se o produto não "vingar", ele abrirá um espaço. Então você, por intermédio das suas equipes, poderá mostrar sua capacidade se utilizando desse espaço liberado.

Estratégias para neutralizar novos produtos são de responsabilidade de todos da sua empresa. Cabe a você orientar e pedir aos seus comandados que comuniquem tudo o que acontece, sempre por escrito, para ficar registrada aquela informação.

e - **Queima de estoque.** Isso acontece quando existe um estoque alto do produto, ou data muito próxima de vencimento, e se não for vendido logo, ele perecerá ou a data vencerá.

O fornecedor que estiver nessa situação deverá fazer tudo para vender todo o seu estoque num menor prazo de tempo possível, ou seja, uma boa promoção.

Essa "queima" prejudica a venda de produtos similares de todos os concorrentes, às vezes por muito tempo.

Reação: Você pode, se possível, ceder um desconto especial para seu vendedor, e tentar melhorar o preço na loja, mas o lojista dificilmente aceitará uma segunda promoção de produtos concorrentes ao mesmo tempo.

Para você criar, nos consumidores, desejo de compra por seus produtos, seus promotores, com a ajuda dos vendedores, devem mantê-los bem abastecidos, prateleiras limpas (higienizadas), nas áreas de vendas, e fortalecer o material de *merchandising*.

f - **Retomada de participação na loja.** Isto é, quando um fornecedor, por alguma razão, havia saído do cadastro de fornecedores, e depois de algum tempo retorna. Mais uma vez, todos os fornecedores perdem espaço.

Reação: No retorno, o atendimento do fornecedor normalmente melhora, mas pode se manter estável ou até piorar. Se melhorar, ele firmará sua presença na loja, de modo a atrapalhar os outros.

O vendedor deve proteger seus espaços, sugerindo, por exemplo, a inclusão de mais um item da sua linha. Isso fará com que o lojista pense em aumentar o espaço desse vendedor, e em não diminuí-lo.

Valem também as indicações anteriores.

g - **Épocas do ano ou datas especiais**. Verão, inverno, primavera, outono, aniversário do cliente, dia das mães, natal, páscoa, carnaval etc.

Reação: Os supermercadistas mais agressivos mantêm em suas lojas promoções constantes, terminando uma, logo começando outra. Sua empresa deve ser uma boa parceira desse cliente, sugerindo e participando de todas as promoções.

Faça, com suas equipes, um calendário de festividades e, com alguma antecedência, peça que elaborem alguns projetos, colocando em prática, se possível, todos eles. Nesse tipo de ação promocional há possibilidades para todos os fornecedores; mas não haverá espaço físico suficiente para todos, somente para os mais rápidos.

h - **Ocupação de espaço de um concorrente** que saiu do cadastro de fornecedores. Por alguma razão, um fornecedor parou de vender para seu cliente, e não tem mais seus produtos na loja.

Todos os concorrentes lutarão para ficar com aquele espaço.

Reação: Quando um fornecedor sai do cadastro, seu vendedor deve ser o primeiro a requisitar o espaço liberado. Deve conversar com o encarregado do setor na loja, para ocupar e manter esse espaço disponibilizado.

Então, você deverá pedir, por intermédio do seu vendedor, mais produtos para a nova área de vendas e certificar-se de que seu promotor irá abastecer a loja o mais rápido possível.

i - **Campanhas de vendas** por item, grupo ou *mix* de produtos.

Reação: Quando a concorrência entra em seus clientes com campanhas regionais ou nacionais, é muito difícil que consigam entrar em todos os clientes, em todos os lugares.

Para neutralizá-los, é necessário agir nos clientes que não são atendidos pela promoção, montando sua própria promoção em cada um deles.

Seus vendedores, junto com os promotores que atendem aquelas lojas, deverão estar sintonizados e unidos, porque, trabalhando juntos, todos conseguem melhores resultados.

Eles devem manter seus espaços rigorosamente em ordem, para não perder demanda.

Os consumidores de seus produtos estarão impulsionados a comprar outro, produto que esteja em promoção, mas se no seu espaço na loja os produtos que ele habitualmente compra estiverem limpos, com preços marcados, organizados, ele poderá resistir à promoção e levar o seu.

j - **"Sangue novo na área"**. Também pode causar certo agito quando um vendedor, gerente, supervisor ou promotor novo aparece no mercado. Todos querem mostrar serviço.

Reação: Sempre que aparecem novos funcionários, além de querer mostrar serviço, eles vêm com outra visão de mercado, outras experiências, maior arrojo, e irão usar tudo que conhecem para que seus resultados sejam os melhores possíveis. Com tudo isso, eles podem atrapalhar seus negócios, como também podem se perder com a nova situação.

O momento é de muita cautela de sua parte. Você deve observar o que eles fazem, utilizando as falhas deles a seu favor (com ética). E quanto às ações novas usadas por eles que derem resultados positivos, você pode simplesmente copiá-las, sem o menor constrangimento, de preferência fazendo melhor.

l - **Cumprimento de cotas de vendas**. Pode acontecer que um determinado vendedor tenha que "forçar" um pouquinho o seu pedido, para cumprir sua cota de venda do mês ou do período padronizado por sua empresa. Isso acarreta um aumento de produtos na mesma área de venda ou no mesmo espaço físico.

Você está trabalhando normalmente e é surpreendido com seus produtos no depósito, sem que possa abastecê-los. Seu concorrente, para cumprimento de cota, vendeu mais do que geralmente vende, e deixou a área de vendas lotada.

É uma situação difícil, porém não é impossível de contornar.

Reação: Primeiro seu promotor e seu vendedor devem comunicar a você o mais rápido possível, depois abastecer o máximo de produtos que conseguirem naquele cliente.

Um cumprimento de cota, nem sempre vem associado a preço baixo. Neste caso, vale a melhor exposição. Lembre-se de que seus produtos devem ficar mais bem arrumados e limpos do que os que estiverem na promoção.

Dá para ver o quanto é importante o trabalho de seus promotores na sua região?

m - **Teste piloto de mercado.** Quando um fornecedor quer lançar um produto no âmbito regional ou no nacional, ele faz um teste de aceitação em um determinado grupo de clientes.

Reação: Se um produto novo é lançado para teste no mercado, não se tem muito que fazer.

Devemos acompanhar as ações do lançamento, os espaços novos, as abordagens, as demonstrações ou degustações e seus resultados.

E também perceber a opinião do público consumidor e como se comportam os outros concorrentes.

Seus comandados devem sempre informá-lo sobre as alterações no mercado, no tempo mais curto possível. Então você poderá tomar as medidas que forem necessárias também no menor tempo possível.

Lembrando que as prateleiras dos seus clientes devem estar completas o tempo todo.

n - **Ações especiais para retomar, manter ou aumentar participação** de algum produto no mercado nos âmbitos local, regional, ou nacional.

Reação: As ações podem ser individuais ou um conjunto delas ao mesmo tempo, com estratégias parecidas com as faladas anteriormente. Devemos responder com a mesma intensidade das ações do concorrente, para não deixa-lo ganhar espaço no mercado.

Para atingir seus objetivos, nossa reação vai depender do tipo de ação utilizada.

o - **Reflexo** de "brigas" entre a concorrência. Também pode acontecer de duas ou mais empresas concorrentes entre si estarem disputando alguma fatia de mercado, uma armando contra ou neutralizando a outra, e acabar comprometendo outros concorrentes que não têm nada a ver com o caso.

Reação: A exemplo do item "l", primeiro, a comunicação deve ser rápida, depois seu promotor deverá abastecer o máximo de produtos que conseguir.

Na maioria dos casos, como regra para neutralizar ações contrárias, nós devemos atender bem nossos clientes, manter limpas e bem abastecidas as áreas de vendas, monitorar nossos concorrentes e a reação dos consumidores aos produtos deles.

Certo mesmo é sair na frente, preparar as próprias ações antes dos outros. Se um time de futebol quiser que seu oponente não avance no campo, ele faz marcação cerrada desde a saída da área do time adversário. No mercado não é diferente. Se fizermos um atendimento excelente, dificilmente os concorrentes avançarão.

Devemos mostrar lucratividade para nosso cliente, atender às necessidades do consumidor e da sua empresa.

Devemos também lembrar que, quando não forem disponibilizados promotores para dar suporte, o vendedor é que deve tomar frente às necessidades daqueles clientes e fazer o que deve ser feito.

Falamos de apenas algumas, mas as razões para que um concorrente execute uma ação promocional podem ser muitas.

Aja na frente dos concorrentes. Não seja passivo, não espere acontecer.

Tudo que foi dito, e mais alguma coisa, seus concorrentes podem fazer – e fazem. Você também pode. Então, faça primeiro!

FRANGO
COZ DESFIADO 400G

12,⁹⁹
6,⁹⁹

3,⁹⁹

CAPÍTULO VII

Mercado, filial de vendas, equipes, qualidade e custo benefício

Todos nós somos clientes em algum momento. Todos nós compramos coisas praticamente todos os dias. O que nos faz escolher por esse ou aquele fornecedor?

Complicado é vender para licitações em que você tem uma descrição determinada de um item e para ganhar a venda deverá ter também o menor preço.

Por que estou falando isso? Porque, tirando as licitações em que não existe a venda corpo a corpo, a venda para supermercado depende quase que totalmente de atendimento. O preço é apenas um dos fatores que determinam a venda.

Aí você tem o produto e suas variáveis como características, prazo de validade, embalagens etc., tem o preço, que vai depender do que se está praticando no mercado e do próprio posicionamento do produto, e o atendimento, que está diretamente ligado ao produto. Porque o seu produto pode ser um de primeira linha, com embalagem atraente, mídia de retaguarda, pessoal de entrega muito bem treinado, mas se não tiver em estoque, de nada irá adiantar toda a sua estrutura.

Se no cliente supermercado existem clientes consumidores finais para todos os produtos expostos de cada fornecedor, onde está a diferença entre um fornecedor e outro? A resposta... No atendimento.

Numa loja, para efetuar uma venda, você, como vendedor ou supervisor, fica "brigando" pelos fatores determinantes da venda, aumentando espaços, oferecendo promotores, degustações, bonificações, MPVs, porém, o seu cliente, o supermercadista, comprará de você ou da sua empresa se ele se sentir seguro de que todo o processo que envolve aquela entrega esteja funcionando perfeitamente. Caso não sinta segurança, ele pode até comprar, mas não comprará tudo que precisa. Gastará seus cartuchos com outros fornecedores mais confiáveis.

Tive oportunidade de presenciar compra, que no ponto de vista de rentabilidade nem era assim tão boa, mas em termos de segurança e garantia era o melhor que ele podia conseguir.

Ora, se sabemos disso, o que temos que fazer é atender bem. É o mínimo que podemos fazer. E é o mínimo que o cliente espera. O ideal é fazermos mais do que o mínimo, porque aí sim você encanta seu cliente.

Você pode até dizer: que coisa mais óbvia que estamos falando. Mas eu pergunto: quantas vezes você se sentiu mal atendido em coisas óbvias? Com certeza, muitas.

Quando trabalhamos com vendas, temos que falar com nossas equipes o tempo todo, porque a rotina nos faz esquecer coisas importantes.

Eu costumo me colocar no lugar do comprador, imaginando tudo o que ele gostaria de ter com minha venda, ou no lugar dos meus vendedores. Sempre conseguia o melhor resultado, e nem sempre era o financeiro imediato.

O atendimento bem feito é nada mais que estabelecer uma relação de confiança mútua entre as partes. E essa confiança não pode ser quebrada.

TRABALHANDO NO MERCADO.

Participação no varejo e principais redes:

Praticar diária e constantemente a verificação de todos os itens do *mix* de produtos da empresa, quanto à presença destes nos seus clientes. Cobrar instantaneamente do vendedor responsável pelo atendimento daquele cliente, quando observar a ausência de um ou mais determinados itens dos seus produtos, e exigir providências. Nos clientes de varejo (ou pequenos clientes), estar atento para oportunidades de inclusão de itens no *mix*, e nunca deixar que algum produto deixe de ser vendido. Lembrando que o bom-senso prevalece.

Atenção para as oportunidades de realização de ação especial, além das já marcadas em cada um de seus clientes.

Os RCAs trabalham com certa autonomia; e, portanto, devem ser acompanhados, para que não haja distorções difíceis de serem contornadas depois. Com eles, trabalhar com a maior sintonia possível.

Ações da concorrência:

A concorrência sempre está fazendo alguma coisa, ou por iniciativa própria ou por reação a alguma ação nossa ou de outro concorrente. Seja qual for o motivo, isso pode resultar em prejuízo para nossa empresa. Para cada ação, devemos responder com uma reação, de forma rápida e eficaz. O melhor é quando agimos antes dos concorrentes (proativos), e para isso podemos elaborar um calendário de datas especiais, com ações bem elaboradas. É muito importante estar em sintonia com a indústria, para ter os volumes produzidos; e então, sim, saber em que produtos trabalhar. Veja, no Capítulo VI – Concorrência, como agir frente a esta.

Ações da empresa:

Muito utilizado para solução de problemas, podemos montar um plano de ação utilizando o 5W2H para as ações especiais. Os 5W2H são as iniciais de palavras em inglês que são sete perguntas que necessariamente devemos responder para termos um plano ou projeto bem montado. São elas: *what, who, where, when, why, how, how much*, que, em português, significam: o quê, quem, onde, quando, por que, como e quanto.

Normalmente, quando estamos montando um projeto e chegamos à pergunta "por quê?" é quando temos a verdadeira noção da realidade da nossa ação, ou seja, descobrimos de a ação pode ser um bom projeto ou "uma boa viagem". Se não encontrarmos uma resposta que realmente justifique aquela ação, ela não se viabiliza.

Todas as respostas devem ser feitas com consistência e, ao mesmo tempo, devem ser bem objetivas. Por exemplo, se você estiver respondendo "quando" será feita a ação, não deve ser respondido "em abril", e sim "no período de 28 de abril a 3 de maio do ano de 2016, no horário entre 09h às 18h". Se a pergunta for "quem", não se deve responder "a Equipe A", e sim descrever os nomes das pessoas envolvidas naquela ação, e assim por diante.

Montar projetos para um ano de trabalho pode não ser fácil, mas é muito útil quanto você tem que analisar os resultados esperados para aquele ano. Você também não tem que ficar quebrando a cabeça em cada data comemorativa para seus clientes, porque você já terá feito isso com antecedência. É mais fácil quanto temos que fazer alguma adaptação em algum projeto do que construir um em um tempo curto, como é o que normalmente acontece.

Nos *sites* de busca encontramos datas para tudo. Todo dia é dia de alguma coisa. Dependendo do que sua empresa produz, é possível aproveitar inúmeras dessas datas para elaborar seus planos de ação. Lembrar que as datas comemorativas mais comuns são as que mais alavancam as vendas, como volta às aulas, dia das mães, páscoa, dia dos pais, mês das noivas, e por aí vai.

Junto com seu projeto, você pode montar *checklist*, para verificação dos itens que devem ser acompanhados para todas as ações elaboradas. Você pode ter mais de um *checklist* num mesmo projeto.

O que ajuda muito, para montagem de *checklist*, é a análise de ações anteriores acontecidas. Caso existam relatórios a respeito, que são excelentes memórias escritas, podem dar subsídios para essa criação.

Tendências.

Você deve estar atento às tendências de mercado, seja na demanda ou na política de preços. E acompanhar o mercado, para ganhos de preço médio e resistir em caso contrário. Também é importante verificar os volumes.

As tendências estão relacionadas a algum outro fato gerador. Por exemplo, o excesso de chuva numa região pode ocasionar dificuldade na colheita de um determinado produto, fazendo com que produtores migrem para outro tipo de cultivo. Isso vai gerar uma tendência de aumento de preço daquele produto e de todos os derivados que dependem dele. É uma "bola de neve", quando um produto sai arrastando outro.

Outra coisa é o hábito do consumidor, que pode mudar em relação a algum produto. A tendência é aumentar ou diminuir o consumo.

Se um determinado produto começar a "morrer", a tendência é que ele saia do mercado, caso não seja feito nada para que a "vida" dele volte a crescer.

Se um produto sai de linha, deve-se colocar outro novo em seu lugar, para ocupar os espaços que ele abriu no mercado. Isso pode acontecer com a concorrência também, e é a oportunidade para aumentar suas vendas.

Ciclo de vida dos seus produtos:

Vi poucos profissionais se preocuparem com essa questão. Todo produto nasce, cresce, estabiliza entra em declínio e morre. Normalmente são os profissionais de desenvolvimento de produtos que se preocupam com a vida dos produtos; porém, acredito que os supervisores é que devem dar o *start*, o alerta para as mudanças do ciclo de cada item. Eu mesmo, por observação, alertei ao pessoal de uma empresa em que trabalhei sobre um determinado produto, que já havia "morrido", porém, a empresa insistia em comercializá-lo. Ora, se um produto já "morreu", você só consegue comercializá-lo na base do "empurrão", da venda casada. Entretanto, esse produto não terá demanda, vencerá nas prateleiras e certamente será trocado por outro com data mais recente. Nesse caso, todos perdem!

Se um produto estiver em franco declínio, se for de interesse da empresa, dá-se um *plus* a ele, que voltará a crescer, se estabilizará, e assim por diante. Existem situações em que o produto – como, por exemplo, um alimento –, tendo findado seu ciclo de vida, passar a ser matéria prima de outro item. Então ele encerra um ciclo, por um lado, mas ressurge em outro produto. Em outras, o produto "morre" mesmo, e é só. Então se transforma em produto de valor agregado, o que é muito interessante, em termos comerciais e financeiros, para a empresa.

É claro que não queremos que o produto "morra". Então, penso que devemos estar atentos às variações e aos declínios de vendas em nossas regiões.

Oportunidades:

Estar atento e organizado, para um melhor aproveitamento das oportunidades que aparecem todos os dias no mercado. Tanto você como suas equipes.

O que acontece no meio supermercadista é muito dinâmico, e a atenção deve ser constante ao que acontece com seus produtos tanto na área de vendas quanto no bairro, na região de um vendedor, na região toda e no mercado nacional.

As oportunidades aparecem a todo instante, em todo lugar. Por exemplo, a mudança de um vendedor de seu concorrente pode ser uma oportunidade para você ampliar seus negócios na região em que ele trabalhava. Até que um novo vendedor tenha domínio de todos os seus clientes, horários, necessidades, entregas, trocas etc., você já melhorou seu atendimento, seu *mix* e, consequentemente, suas vendas.

Muitas oportunidades aparecem com o mau atendimento de seus concorrentes. Quando deixam de entregar no prazo certo, quando não mandam seus promotores para fazer o abastecimento, quando o vendedor não aparece nos dias e horários previstos, enfim, quando falham por algum motivo, estão dando oportunidade para você aproveitar e fazer alguma coisa para suprir a necessidade do seu cliente e, assim, vender mais.

Vamos dar outro exemplo. O vendedor de seu concorrente fez um pedido para seu cliente e a entrega não aconteceu. Se o seu vendedor estiver atento, junto com você, poderá negociar na loja, para atender a demanda daquele ou daqueles produtos o mais rápido possível. Com isso, seu cliente terá seu produto na loja, aumentará a demanda do seu *mix*, seu vendedor ganhará mais, aumentara seu espaço na área de vendas, ainda que temporariamente, e estará um passo à frente de seu concorrente.

Trocas de produtos:

Essa é uma atividade que os vendedores detestam executar, porque as trocas teoricamente diminuem as comissões deles. Porém, são necessárias.

Quando um cliente tem estoque de trocas em sua loja, na cabeça dele, tem um monte de dinheiro apodrecendo no depósito, que não dá lucro para ninguém. E é isso mesmo. Os fornecedores devem ser parceiros dos clientes. Se há troca para fazer, pois que a faça o mais rápido possível. Ele deve ter em mente que seus produtos e serviços não dão prejuízo, e que é sempre prontamente atendido, quando necessário. As trocas, principalmente as perecíveis, acumuladas causam má impressão e são fontes de contaminação e proliferação de insetos e roedores. Também é uma questão de saúde pública.

Na primeira vez que assumi uma região como vendedor, em todos os meus clientes havia uma grande quantidade de trocas acumuladas, e os clientes não queriam pedir nada, por causa desse acúmulo sem ressarcimento. Deu muito trabalho fazer todas aquelas trocas e conquistar a confiança dos clientes. Depois de algum tempo, eles passaram a confiar nas minhas vendas.

O supervisor deve acompanhar todas as trocas, sempre, mesmo tendo certeza de que seus vendedores fazem tudo certo. Isso, além de ser função do supervisor, gera mais segurança no cliente, que sente que tem respaldo nos casos de trocas.

As trocas bem acompanhadas podem dar muitas informações sobre sua equipe. Por exemplo: o acúmulo de troca significa que seu vendedor não está dando a devida atenção a isso. Ou a quantidade de troca de um determinado produto pode significar baixa demanda ou mau trabalho do produto na região.

Você deve saber de todas as trocas e quantidades, porque seu concorrente pode estar fazendo um trabalho forte em sua região e seus produtos podem estar parando de girar por causa disso. Você tem que agir rápido.

Outra coisa que pode ocorrer é os produtos para troca estarem muito danificados. Pode ser por maus tratos do pessoal de entrega, dos promotores, da concorrência ou do próprio pessoal da loja. Em qualquer dos casos, você deve agir para neutralizar a situação.

Já vi trocas de produtos com data de vencimento ainda válida, porém o produto estava completamente comprometido, por variação de temperatura, ou seja, o cliente muitas vezes desliga o equipamento enquanto a loja estiver fechada, para economizar luz, só que todos os produtos ficam comprometidos em função dessa variação de temperatura.

Você deve estar se perguntando: trocas só acontecem para perecíveis? A resposta é: não. Toda a loja, em seus variados setores, está sujeita a avarias em seus produtos. Um copo pode se quebrar, uma panela amassar, um aparelho eletrodoméstico pode não funcionar, uma peça de vestuário pode se sujar, e assim por diante. Mas a regra vale para todos. Se for combinado que haverá troca, assim deve ser feito.

As trocas também são parte do atendimento ao cliente.

Cada empresa adota uma maneira de efetuar a troca, como desconto no próximo pedido, reembolso, bonificação, troca por outro produto igual, com data boa, troca por outro item etc. Você deve ver como é que sua empresa faz e fazer de maneira que fique bom para todos.

As trocas dos RCAs geralmente correm por conta e risco deles. Somente são feitas trocas para RCAs quando constatadas falhas e/ou defeitos de fabricação, ou seja, por culpa da empresa. Para isso, o lote com problema deve ser acompanhado para análise.

Materiais de ponto de venda (MPVs):

Todos os vendedores, promotores de vendas, representantes e distribuidores e, em alguns casos, até demonstradores também são responsáveis pela colocação e manutenção dos materiais de ponto de venda, que são cartazes, aparadores, *displays*, *mobílie*s e outros materiais de *marketing* utilizados pela empresa nas áreas de vendas dos clientes.

Não é uma coisa que os colaboradores gostam de carregar em seus carros; porém, é papel do supervisor acompanhar bem de perto.

Mais uma vez o supervisor deve estar próximo, para, se for possível a exposição, a devida colocação dos MPVs nos clientes. Como ele vai estar com todas as informações daquele cliente, já vai estar sabendo qual vendedor ou responsável por ele está encarregado daquele atendimento.

Penso ser muito mais produtivo que toda ação corretiva deve ser feita pelo primeiro que detectar a falha. Depois, sim, o fato deve ser comunicado ao responsável, para conhecimento e outras providências.

O supervisor também deve ter em seu veículo todo o material de ponto de venda, para uma possível correção, como também para atender a um vendedor sem material.

Não deve haver falha com vendedor, mas se houver, primeiro se corrige o problema e depois se corrigem os procedimentos, para não acontecer novamente. Para isso existem as reuniões.

Distribuição:

Mix **de produtos**. Acompanhar diariamente a distribuição de nossos produtos aos RCAs, distribuidores e vendedores. Todos os clientes devem ser visitados periodicamente, para constatação real do que acontece nos pontos de vendas. O principal é o *mix* de produtos, que deve ser o melhor em cada cliente.

Abertura de novos clientes. Para cumprir o plano de ação para o ano corrente, acompanhar os RCAs, distribuidores e vendedores, para que sejam atendidos todos os clientes da região, sendo novas empresas, clientes inativos e clientes em potencial. É basicamente rodando em todas as ruas da região para verificar a existência desses novos clientes.

Recolhimento de tabloides. A cada visita de clientes que se utilizam de tabloides, jornais, *folders* e outros, recolher uma via, para análise e arquivo. Nesses tabloides, deve-se verificar cada um dos itens nossos e da concorrência. Com isso acompanhamos os lançamentos, as ações especiais da concorrência e os nossos próprios trabalhos aplicados naqueles clientes. O arquivamento é importante para consultas futuras.

Comparecimento periódico nos clientes. Os clientes devem ser visitados semanalmente ou periodicamente em número de dias correspondente ao grau de importância para a nossa empresa. As lojas de redes devem receber visitas com maior frequência, porque servem como indicadores de mercado.

TRABALHANDO NA FILIAL (ESCRITÓRIO DE VENDAS)

Quando o supervisor de vendas não está no campo, ou seja, nos clientes ou acompanhando suas equipes, ele está trabalhando na filial, e lá ele tem diversas atividades e relações com quase todas as áreas da empresa. Vamos ver algumas dessas atividades:
- coordenar os serviços dos assistentes;
- coordenar as funções do escritório;
- acompanhar acertos de contas de RCA's;
- acompanhar os descontos nas notas fiscais emitidas;
- acompanhar devoluções e trocas;
- acompanhar relatórios e ações de vendedores, promotores, demonstradores e outros de sua equipe;
- elaborar plano de suprimentos.

Relatórios.

A quantidade de relatórios e seus formados irão variar de empresa para empresa. De maneira geral, estes são os que muitas empresas adotam para seus colaboradores:
- de visitas (diário com entrega semanal, quinzenal ou mensal);
- presente ou ausente (diário com entrega semanal ou quinzenal);

- pesquisa de mercado (diário ou semanal, com vendedores/promotores/demonstradores);
- resultados do mês;
- Resultados dos planos de ação do mês anterior;
- Outros.

Para reuniões.

Em primeiro lugar, montar uma pauta da reunião com as informações que deverão ser abordadas.

Penso que não há nada mais estressante do que participar de uma reunião sem saber o que será abordado, horários de início e de fim, e dos momentos em que você poderá participar com suas opiniões, sugestões etc.

Estive em centenas de reuniões, exatamente assim. Tínhamos horário para começar, mas não começava no horário, porque sempre aparecia alguma coisa para atrasar. Nunca sabíamos dos assuntos, e quando sabíamos, os assuntos quase sempre não eram respeitados. E, para completar, as reuniões terminavam quase duas horas depois do planejado.

Como se pode esperar que seus comandados cumpram horários, metas, compromissos, se seus comandantes não são organizados?

Uma reunião deve, sim, ter horário para começar e para terminar, e penso que é uma falta de respeito com os participantes não cumprir a agenda.

Quando uma reunião começa fora do horário o aproveitamento já começa comprometido, pois todos pensam logo: "Lá se foi meu compromisso para depois da reunião". E o que acontece? Se algum participante tiver uma sugestão que possa beneficiar todos, ele acabará ficando quieto, para não comprometer ainda mais o horário.

Não é difícil; basta empenho! Organize-se, treine. E se não conseguir abordar todo o assunto, aborte e elabore melhor seu cronograma. Cada assunto deve ter seu tempo anotado e respeitado; e se o condutor da reunião estiver acompanhando cada um dos assuntos, certamente acabará no horário.

Se é você quem vai elaborar a pauta da reunião, é você quem determina o tempo de cada assunto. Simples assim.

Tive muitas experiências com horários em reunião, e uma delas foi começar exatamente no horário programado, com ou sem a plateia toda. Nas primeiras vezes, eles chegam atrasados e estranhavam; mas depois se acostumam com sua disciplina e passam a respeitá-la. Era muito bom, porque não deixava a reunião dispersar nos assuntos, e o aproveitamento era sempre ótimo.

As reuniões, quando são marcadas, sempre antecedem outro compromisso de cada um dos participantes. Por exemplo: se for de manhã, ao terminar, o grupo terá que ir a campo, atender os clientes. Se for no final da tarde, muitos estudam, ou têm um jantar programado, ou estão cansados etc. Se for no sábado, aí, sim, é ruim qualquer atraso, porque praticamente todos tem almoço com suas famílias.

Quer ter uma reunião de respeito, organize-se, passe a pauta para todos os participantes e cumpra rigorosamente os horários propostos.

Durante a reunião, evite ficar se repetindo, não deixe dispersões, crie um intervalo para banheiro e café, faça reunião interativa, anote as pendências (com retorno depois) e termine no horário.

- Mensal da região. Estar com os resultados do mês anterior da filial, os planos de ação do mês, os relatórios dos planos de ação do mês anterior para comparativos, a quilometragem, as visitas e os produtos presentes/ausentes nos clientes.
- Mensal da região. Montar pauta da reunião, providenciar sala, convocar os participantes, levar resultados da filial, metas e objetivos atingidos e os a atingir, material de *merchandising*, relatórios de erros e acertos.

TRABALHANDO COM AS EQUIPES (DELEGANDO RESPONSABILIDADES)

Falamos sobre as funções do supervisor de vendas, mas a abordagem agora é o desenvolvimento e o crescimento do profissional de vendas.

Nesse caso, estamos falando de desenvolver seus colaboradores para, quem sabe, um dia substituí-lo. Só não tenha receio de perder o seu emprego, pois a substituição será no caso de você, supervisor, receber uma promoção.

Claro que você, treinando seus subordinados, abre uma porta para uma demissão. Mas acho que é um risco necessário, até porque, se você não for mandado embora, é porque está agradando.

Sua preocupação não deve ser com a possibilidade de desemprego, e sim com o fortalecimento da equipe, pois assim você estará mais forte também.

Você pode delegar responsabilidades, estimular e cobrar criatividade e proatividade dos seus comandados. Isso só reforçará ainda mais a sua capacidade de gerenciar uma equipe. E nisso, para tomarem o seu lugar, eles também terão que o superar.

Bom, confiar nas pessoas é uma tarefa difícil, porque nem todos são sinceros ou trabalham com a verdade. Então o mais certo é delegar as responsabilidades e fazer o acompanhamento, para ver como as coisas andam, e à medida que for adquirindo confiança, poderá liberar mais e ficar menos sobrecarregado.

Isso vale para qualquer membro de suas equipes, pois também fará muito bem para eles.

BOM RELACIONAMENTO COM O SEU "REI"

Todos nós temos nosso rei. E no caso de trabalhar na área comercial, temos inúmeros reis.

Essa é uma situação que varia o tempo todo, dependendo de cada momento. Ora estamos plebeus, ora estamos reis. Porque ora estamos vendendo, ora estamos comprando. O normal é que o detentor do dinheiro, ou seja, o comprador, tenha o privilégio de ser o rei da vez.

Então podemos perguntar: como gostamos de ser tratados enquanto estamos reis? Com toda a pompa, eu diria.

Nossos clientes, assim como nós, gostam de ser tratados com respeito e comprometimento. Quando percebemos que um vendedor está comprometido com o nosso atendimento, ou seja, com a nossa necessidade, da melhor maneira possível, então estamos clientes dele. Aí é que nos deixamos levar pela compra.

Se pensarmos que nossos clientes não são diferentes de nós no momento da compra, devemos pensar no que de melhor temos a oferecer, tanto em produtos quanto em serviços, todos que resultem em boas vendas para ele; e, então, ele vendendo bem, também comprará bem de nós.

Nossa empresa paga nosso salário, mas nosso cliente mantém a nossa empresa em pé, para pagar nossos salários. Portanto, nossos clientes são de fato muito importantes para nossa sobrevivência.

Você pode estar se perguntando: por que falar sobre algo tão óbvio? Porque não é tão óbvio assim. Vi e vejo muitos vendedores trabalhando como se estivessem fazendo um enorme favor aos seus clientes, quando a verdade é bem outra.

Vendedores não cumprindo os compromissos assumidos com seus clientes, não se importando com os resultados das vendas deles, trabalhando com raiva do cliente, porque seu chefe não o tratou bem na última reunião, maldizendo seu cliente, porque ele exigiu que fizesse uma determinada troca naquele dia, trabalhando com desgosto, porque sua empresa atrasou seu vale alimentação, enfim, podemos enumerar centenas de motivos para tratar mal nossos clientes, mas devemos nos lembrar de apenas um para tratar bem: ele mantém nossos empregos.

Cabe ao supervisor não deixar que ideias ruins se proliferem entre suas equipes e estimular o bom relacionamento com nossos reis.

QUALIDADE TOTAL NO TRABALHO E ALGUMAS FERRAMENTAS

Já que não temos a pretensão de discorrer sobre todas as ferramentas de qualidade total, vamos falar de alguns conceitos que podem ajudar a você e suas equipes a desenvolver melhor suas atividades.

Os primeiros deles são os conceitos de cliente externo e cliente interno.

O *cliente externo* da empresa fornecedora de produtos para um supermercado é o próprio supermercado. E como deveremos tratá-lo? Como um rei.

E o *cliente interno*? É aquele que está em sua empresa, seu colega de trabalho, que, por alguma razão, necessita que você faça algum serviço para ele. Por exemplo: seu colega do departamento financeiro pede que seu departamento faça um relatório de gastos de combustíveis com os vendedores dentro do mês atual. Ele, o departamento, representado pelo seu colega que fez a solicitação, é o seu cliente interno. Como você deve tratá-lo? Como um rei.

E se a situação for contrária? Você pede que o seu colega do financeiro libere umas notas fiscais para pagamento de seus vendedores. Então você é o cliente interno do seu colega do financeiro. Como ele deve tratá-lo? Como um rei.

Eu acho esses conceitos simples, mas muito importantes, porque, se todos assimilassem dessa forma, não haveria tantos desacordos entre colegas, como, por exemplo: "Lá vem aquele chato me pedir outra coisa".

Se estamos trabalhando e recebendo por isso, que importa para quem estamos fazendo algo? E se tudo que fizermos for com empatia, receberemos o retorno na mesma moeda.

Outra coisa importante é conhecer o conceito de qualidade total.

Tem-se ouvido muito falar em *Qualidade Total* (ou TQC, *Total Quality Control* – Total Controle de Qualidade), e um grande número de empresas tem implantado o TQC, por questões de sobrevivência, ou até para certificação da ISO 9000.

Qualidade total não significa ter a melhor qualidade de um produto ou serviço, mas sim qualidade igual ou padrão em todas as etapas dos processos de um produto ou serviço de atendimento a um cliente.

Qualidade é tudo aquilo que alguém faz ao longo de um processo, para garantir que um cliente, dentro ou fora da organização, obtenha exatamente aquilo que deseja em termos de características, custo e atendimento.

Vem desde antes da fabricação, com o monitoramento das matérias-primas e dos insumos, até a entrega do produto nas mãos do consumidor final.

Um fabricante, antes de produzir qualquer um de seus itens, deve selecionar seus fornecedores, a fim de obter matéria-prima com padrão de qualidade determinado, para ter certeza de que todas as vezes que comprar daqueles fornecedores receberá produtos iguais; consequentemente, também produzirá seus itens com características idênticas e com padrão de qualidade específico.

Em todas as etapas de fabricação, deverá haver qualidade e padronização. Cada funcionário de cada departamento deverá prestar seus serviços de forma a atender o padrão exigido para as suas atividades.

Num processo comercial entre a fábrica até o consumidor final, existem vários clientes e fornecedores, que podem ser internos e externos.

Para uma fábrica, existe um fornecedor de matéria-prima, e a fábrica, para esse fornecedor, é um cliente externo. O departamento de recebimento de matéria-prima recebe e armazena esses produtos. O departamento de produção solicita ao recebimento a matéria-prima necessária para produção de um item específico.

Então, como vimos anteriormente, o departamento de produção é cliente interno do departamento de recebimento e armazenamento, que, por sua vez, é fornecedor interno do departamento de produção.

O departamento comercial da fábrica solicita ao departamento de produção uma determinada quantidade de produtos para serem mandados aos distribuidores.

O departamento comercial é o cliente interno e "Rei" do departamento de produção, que, por sua vez, também é fornecedor interno do comercial.

Um distribuidor pede para o departamento comercial da fábrica determinada quantidade de itens de produtos. Então, o distribuidor é cliente externo e "Rei" do departamento comercial da fábrica, que é o fornecedor e representante do fabricante perante o distribuidor.

Assim também funciona com o supermercado em relação ao distribuidor, e com o consumidor final com relação ao supermercado.

Dentro das empresas, entre departamentos e/ou seções, existem os fornecedores e clientes internos.

A relação real da QUALIDADE TOTAL entre todas as empresas ligadas de alguma forma é que deverá ter qualidade em todas as fases dos processos.

De nada adiantaria uma empresa fabricar um produto qualquer de maneira correta, o departamento comercial da distribuidora efetuar as vendas de maneira correta, o departamento de expedição efetuar roteiros de entrega de maneira correta, o promotor de vendas estar na loja, já esperando para abastecer os produtos, se na hora da entrega destes no supermercado os entregadores deixassem os produtos errados no cliente, ou faltassem itens na nota fiscal.

Todo o processo estará comprometido, e o "Rei" não será atendido adequadamente.

Todos nós deveremos fazer cada um a sua parte, para que no conjunto tudo funcione.

"Sintonia" é a palavra. Todos os setores devem trabalhar para um fim comum, que é o atendimento ao nosso cliente, e que falem a mesma língua.

CINCO S (5 ESSES)

É um instrumento do Processo de Qualidade Total, "Os cinco S". Tem como princípio básico nos ajudar a mudar a nós mesmos e, assim, mudarmos nosso ambiente. Com isso viveremos melhor, tanto pessoal como profissionalmente.

Sendo possível implantar em sua empresa, ainda que somente na sua filial, será de grande valia para a melhoria dos ambientes e das pessoas que trabalham neles.

Os cinco S são iniciais de cinco palavras japonesas, que significam **sensos** que devemos ter:

Seiri, = Utilização
Seiton = Ordenação

Seisoh = Limpeza
Seiketsu = Saúde
Shitsuke = Autodisciplina

Como isso funciona?

O primeiro **Senso** é o de **Utilização – Seiri**, que consiste em fazer uma arrumação e deixar no local de trabalho somente materiais necessários para uso nas suas tarefas diárias.

Faça uma seleção criteriosa de tudo que envolve seu trabalho.

Temos mania de guardar objetos, ferramentas, papéis e uma porção de outras coisas que provavelmente jamais usaremos. Isso tem custo de armazenagem, ocupa espaços que poderiam ser usados por outras coisas e atrapalha na busca de materiais realmente necessários.

Elimine os materiais que não tenham utilidade.

O segundo **Senso** é o de **Ordenação – Seiton**. Ordenar é colocar todo material necessário que você já separou no senso anterior, da maneira que se possa encontrá-lo o mais rápido possível, não perdendo tempo na procura.

Agora você irá dar endereço para as coisas. Cada objeto terá o seu lugar certo para ser guardado, observando-se o grau de necessidade de cada um deles. Separe materiais de uso constante e deixe sempre mais à mão do que os materiais que se usa ocasionalmente, colocando estes em locais em que não atrapalhem o desempenho do seu trabalho.

O terceiro **Senso** é o de **Limpeza – Seison**, que nada mais é do que manter limpos os equipamentos e outros objetos de uso no trabalho.

Não guarde lixo. Muitas pessoas fazem lixeirinhas para tudo, e aquilo fica depositado por muito tempo. Mantenha até sua lixeira vazia.

O quarto **Senso** é o da **Saúde – Seikatsu**. Essa é saúde das pessoas, não da empresa. Portanto, cuide-se.

O Senso da Saúde consiste em ter consciência de cuidar de si mesmo, cuidar do seu corpo, fazer higiene diária, usar roupas limpas, cortados os cabelos, manter unhas limpas e dentes escovados.

Quando temos consciência e fazemos uso do Senso da Saúde, nosso ambiente de trabalho é melhor, somos vistos pelos outros como pessoas saudáveis; isso sem contar com a nossa disposição, que é muito maior.

O último **Senso** é da **Autodisciplina – Seikatsu**. É quando você mesmo cuida de si. Você se programa e se cobra dos seus próprios atos.

Destaquei esse senso dos outros porque acredito que, se no seu trabalho, por qualquer razão que seja, você não conseguir aplicar nenhum dos sensos anteriores, esse senso você consegue, porque mexe consigo mesmo.

Não depende de ninguém, e com ele você consegue melhorar como pessoa e como profissional.

Esses sensos podem e irão ajudar suas equipes a desempenhar melhor suas funções, porque estarão mais organizadas. Normalmente, as pessoas que aprendem a usar esses sensos o fazem também em casa. Arrumam as coisas, jogam objetos inúteis ou não mais necessários, reorganizam seus armários, escrivaninhas, entre outras coisas da casa, e passam a ter uma vida mais saudável.

Em Qualidade Total originalmente existem as sete ferramentas, que são: Gráficos de Dispersão, Diagrama de Controle, Folha de Verificação, Histograma, Fluxograma e Diagrama de Pareto. Poderíamos falar também de outros conceitos já desenvolvidos e outras ferramentas, porém isso daria mais um livro.

Se sua empresa não implantou Qualidade Total, é muito difícil aplicar todos os conceitos apenas em parte dela, até porque esse princípio deve partir de cima para baixo, ou seja, da cúpula para os demais funcionários.

O que nos resta fazer é usar alguns conceitos, como falamos, e aplicá-los com o intuito de atender melhor o nosso cliente.

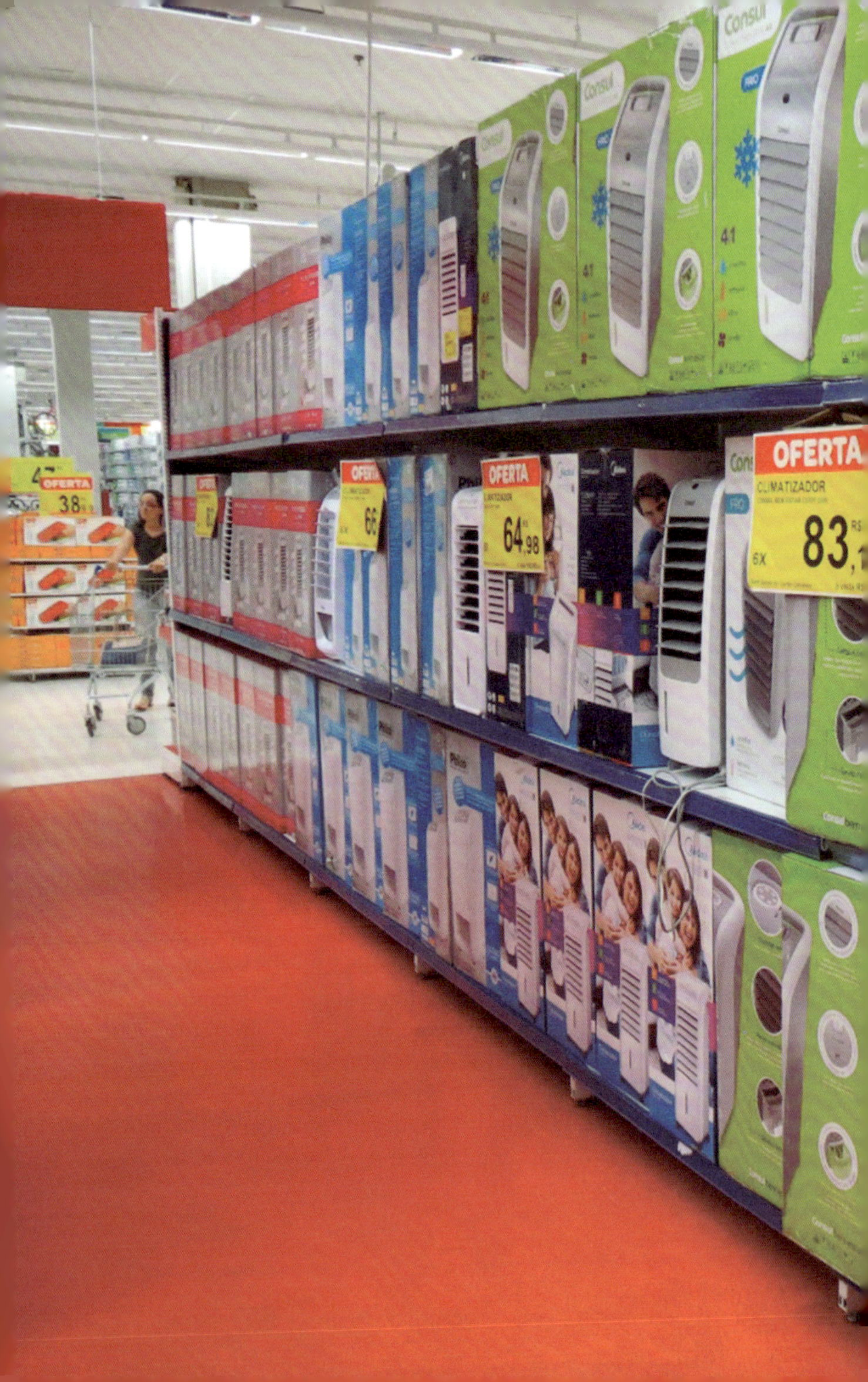
OFERTA
CLIMATIZADOR
83,
6X
OFERTA
64,98
OFERTA
66
OFERTA
38

CAPÍTULO VIII

Produtos, logística reversa, legislação e criatividade

MANUTENÇÃO DOS PRODUTOS

Esse é um assunto interessante, e falaremos de manutenção física dos produtos, de manutenção estratégica no mercado, manutenção tática nas lojas, manutenção de produtos no *mix* da filial ou regional (isso porque um determinado produto poderá vender em uma região e não em outra).

Vamos começar com a manutenção física dos produtos.

Existe uma cadeia de manutenção desde a fabricação de um produto até a entrega na mão do consumidor, que é até onde se pode controlar essas ações. Depois que o consumidor final o leva para casa, não se controla mais, porque ele trata do produto do seu jeito e é impossível acompanhar até o seu destino final.

Antes da produção de um item, a manutenção ou a conservação já existem nas empresas. O desenvolvimento de fornecedores de matérias-primas é uma questão muitíssimo importante, uma vez que a qualidade de seu produto final depende diretamente da qualidade da sua matéria-prima.

As empresas fabricantes tratam bem de perto de seus fornecedores, para garantir a qualidade de seus produtos.

Nas fábricas, a manutenção começa no recebimento das matérias-primas e vai até a conclusão dos produtos. Para isso, os cuidados devem estar nas instalações, nos equipamentos, nos treinamentos de pessoal, na saúde do pessoal envolvido em todas as etapas de fabricação, embalagens, laboratórios próprios ou terceirizados, para análise dos produtos finais.

Fora da fábrica, são feitos acompanhamentos dos transportes dos produtos, principalmente se forem perecíveis, no que diz respeito ao equipamento dos caminhões, ou seja, o baú refrigerado ou congelado, se está em suas temperaturas corretas, com o equipamento de refrigeração em perfeitas condições.

Nos clientes, deve-se fazer o acompanhamento dos recebimentos nas lojas, para que os produtos não sofram danos na descarga por maus tratos e variação de temperatura, se for o caso.

Ainda no cliente, a verificação deve ocorrer no armazenamento nos depósitos, para controle do abastecimento nas áreas de vendas e trocas.

MANUTENÇÃO ESTRATÉGICA DE PRODUTOS NO MERCADO.

A primeira coisa a ser vista na manutenção de um produto no mercado é a análise do ciclo de vida dele.

Ao falar de estratégia de manutenção de produtos, estamos falando de razões para manter esse ou aquele produto no mercado. Essas razões podem ser várias, depois da lucratividade e da sobrevivência da sua empresa.

Pode-se manter um produto, ou uma linha deles, para não perder espaço no mercado, e aí estamos falando de índices de participação no mercado (fator de pesquisa), e essa normalmente não é uma decisão de supervisão, e sim de direção ou até grupo acionista. Podemos ter ou manter um produto no mercado para bloquear uma possível ação da concorrência, como lançamento de um item ou uma ação promocional de que tivemos conhecimento antecipado. Porque pode ser um produto derivado de uma matéria-prima abundante, que, embora não dê lucro, também não dá prejuízo, e por aí vai.

O que o supervisor pode e deve fazer é distribuir o melhor possível e monitorar todos os itens do *mix* da sua empresa, para informar ao setor de *marketing*, o mais rápido possível, qual a situação real de cada item.

Quando um produto começa a perder força nas vendas, é bem possível que ele possa estar na fase de vida de um produto conhecida como declínio. Ele pode estar "morrendo".

Philip Kotler coloca essa fase em quarto lugar, depois de introdução, crescimento e maturidade. Essa é a fase em que se percebe a "morte" de um produto. Gasta-se muito com *marketing*, porém, não há reação, e isso vai até a sua parada total das vendas.

Eu mesmo cheguei a presenciar o fim de um produto de uma grande empresa, para o qual insistíamos nas vendas, cobrávamos das equipes, mas o produto não vendia mais, e em todas as regiões do Brasil.

MANUTENÇÃO TÁTICA DOS PRODUTOS NA LOJA.

A manutenção tática é o conjunto das ações utilizadas para se atingir um objetivo específico. É a combinação de todos os seus recursos para a manutenção de sua estratégia.

Se quero manter um produto no mercado porque ele nos dá uma boa margem de lucro, então vou usar de todos os meus recursos para que esse produto seja introduzido no mercado e mantido por todo o tempo que a lucratividade me convier.

MANUTENÇÃO DE ITEM NO *MIX* DA FILIAL.

Essa já uma questão regional. Não podemos manter um produto no *mix* da filial só porque a empresa o fabrica. É necessário que a sua região tenha demanda para isso. Como também aceitar cotas de estoques altos porque outra região deixou de vender e a sua deve assimilar essa venda. Ora, se está sendo feito um trabalho bem elaborado e executado para um determinado item, e este não vende, é porque sua região não é consumidora dele.

Manter estoques desse produto ou manter esse no *mix* significa prejuízo, na certa. Se o produto for um transformado e com valor agregado que não vende, esgotadas as possibilidades, não deve ser mantido no regional. Mas essa é uma briga sem tamanho com a gerência de vendas e as fábricas, e que costuma demorar para se chegar a um denominador comum.

O contrário também é verdadeiro. Caso haja um produto, ou um grupo de produtos, que vende bem na sua região, é importante atender a demanda, não deixando espaços de tempo sem o produto, porque se perdem não só vendas, mas também espaço físico no mercado, que é para produto que dá lucro. Aí a briga para manter os estoques e pedidos da fábrica deve ser grande também.

TROCAS DE PRODUTOS. CÓDIGO DE PROTEÇÃO E DEFESA DO CONSUMIDOR

Temos que ter duas visões quando se trata de direitos do consumidor. A primeira é a do cliente supermercadista, que tem seus direitos, e a segunda é a do cliente consumidor final.

Independentemente da visão assumida, seus direitos deverão ser respeitados. Uma das funções do fornecedor é auxiliar o supermercado a não ter problemas com o consumidor final, porque se ele tiver o fornecedor também terá.

As empresas fornecedoras normalmente se preocupam com a qualidade desde o pequeno produtor, que é aquele agregado que fornece matéria-prima para determinada empresa, até que o produto chegue às mãos do consumidor.

A qualidade de que estamos falando não é a qualidade do produto, e sim do processo que envolve o produto para chegar ao produto final.

Por que temos que nos preocupar? Porque sobra para o fornecedor o ônus das trocas daqueles produtos que não podem ser comercializados, independentemente da razão desse impedimento.

Cabe ao supervisor cuidar da etapa que compreende a entrega dos produtos para o cliente supermercado até a compra pelo consumidor final. E como se faz isso? Com o acompanhamento de suas equipes no mercado. Equipes de vendedores, de promotores, de entregadores, e o apoio de vendas.

Cada uma dessas equipes tem uma parcela de responsabilidade quanto à qualidade do processo e das trocas de produtos. Quanto menores forem as trocas, menores serão os prejuízos e maiores a lucratividade e a confiança do nosso cliente.

Quando fazemos alguma troca, algumas coisas acontecem, como o retrabalho para o promotor, que já teve que abastecer o produto na área de vendas e terá que guardá-lo em local específico, para devolução. Acontece o pior, que é o prejuízo dessa venda que não houve e do produto que será devolvido. Acontece o desconto das vendas do vendedor, que esperava uma determinada comissão e não terá. Acontece também que o nosso cliente não ficará nada satisfeito, por não ter ganhado nada com aquele produto, que, além de ficarem ocupando lugar na loja, deixaram uma imagem ruim enquanto estiveram nela.

Bom, dá para ver que todos perdem com as trocas. E são alguns motivos que originam essas trocas:

- Vencimento do produto na área de vendas. Esse motivo é muito perigoso, porque, além da loja estar sujeita a multas, o cliente pode inadvertidamente consumi-lo e até ter algum problema de saúde.

Quem cuida disso? O promotor que deve fazer o rodízio a cada visita na loja e nos abastecimentos. O vendedor que deve também ver as datas de validade de seus produtos expostos ou guardados na loja. E você, supervisor, também pode dar uma olhadinha nos vencimentos por onde passar. E, por fim, os repositores da loja, que, na verdade, não terão o mesmo cuidado que suas equipes, na hora do abastecimento, porque ele sabe que, se algo acontecer, o fornecedor é quem paga a conta.

- Produto consumido na loja e largado nas gôndolas. Na verdade, essa não deveria ser uma conta do fornecedor, mas como não dá para saber se o produto foi consumido ou danificado na loja, a conta cai no fornecedor. Infelizmente, não há muito que fazer, porque o consumidor final é o responsável por essa quebra.

- Produtos que estão com embalagens com aparência péssima e não vendem mais, embora a data de vencimento ainda esteja boa. Nos casos de produtos perecíveis, quando sofrem alterações de temperatura, ficam com suas embalagens muito ruins, e, de fato, ninguém quer comprá-lo. Outros casos de produtos que foram danificados, como macarrão que foi colocado em um carrinho no fundo, com muitos produtos por cima, que também não venderá mais.

Outros que caem ou são derrubados por clientes e ignorados por eles. Também não há o que fazer, senão cobrar do cliente, quando acontecer, o que é raríssimo de se ver. Prejuízo para o fornecedor.

Embora seja proibido, algumas lojas desligam seus equipamentos à noite, para economizar energia elétrica, mas que acabam por prejudicar os produtos que estão expostos neles. É uma economia, além de arriscada, nada inteligente. Quando se toma conhecimento desses clientes, você deve, sim, falar com eles a respeito, para que não façam isso. Se possível, pensar na possibilidade de não vender a eles nessas condições, porque a imagem dos seus produtos também fica comprometida.

- Outra condição é quando o supermercado está somente na condição de cliente e na embalagem de algum produto foi encontrado um objeto estranho. O produto não está danificado, não está vencido e a embalagem está perfeita. O supermercado percebeu esse objeto e reclamou a você. Então, esse cliente deve ser atendido o mais rápido possível, e o produto deve ser mandado para análise, em laboratório, que geralmente há nas fábricas. Quando sair o laudo, seria elegante também passar para o cliente o resultado.

Quando o cliente consumidor final é que percebe esse objeto no produto, o que é mais comum, ele irá até o supermercado, para trocar por outro. Esse também é um caso de atendimento imediato. Se possível, deve-se trocar até na residência do consumidor.

E por que devemos trocar?

Em primeiro lugar, por causa do menor prejuízo, que significa: se eu trocar um produto de um consumidor, não terei que enfrentar problemas como mídia, processos, entre outros aborrecimentos, o cliente ficará satisfeito com a sua atitude e fará, ele mesmo, a propaganda da sua empresa.

Em segundo lugar, porque é LEI! O consumidor está protegido pelo Código de Proteção e Defesa do Consumidor, que foi instituído no Brasil em 11 de março de 1991.

Com a Lei nº 8.078/90, o Brasil passou a integrar os países que defendem o consumidor.

O consumidor também sabe de seus direitos e está reclamando muito mais do que fazia anos atrás.

Os produtos devem estar com suas quantidades determinadas, com a descrição de todos os seus componentes, a data de vencimento na embalagem, estre outras coisas também previstas em lei.

Veja alguns termos definidos pelo Código de Defesa do Consumidor:

No artigo 2º – Consumidor é toda a pessoa física ou jurídica que adquira ou utilize o produto ou serviço como destinatário final.

No artigo 3º, § 1º – Produto: é qualquer bem, móvel ou imóvel, material ou imaterial.

No artigo 3º, § 2º – Serviço: é qualquer atividade fornecedora, no mercado de consumo, mediante remuneração, inclusive de natureza bancária, financeira, de crédito e securitária, salvo as decorrentes de caráter trabalhista.

CÓDIGO DE PROTEÇÃO E DEFESA DO CONSUMIDOR

É importante que suas equipes tenham noções das implicações sofridas pelas empresas quando se trata do Código de Proteção e Defesa do Consumidor ou de reclamações no Procon.

Não é somente uma questão de que a fiscalização pode pegar e multa, mas é uma questão de evitar transtornos para nosso cliente. Evitar problemas com a saúde do consumidor final.

Quando acontece um problema com um produto, somente o fornecedor deve provar que o defeito ou falta de qualidade do produto adquirido não é de sua responsabilidade, e não o consumidor.

Quando o consumidor adquire um produto defeituoso, o fornecedor pode oferecer a esse consumidor as seguintes alternativas:

1. A substituição do produto por outro igual ou, na falta dele, outro melhor, sem o pagamento da diferença.
2. A restituição imediata da quantia paga, atualizada monetariamente, se for o caso.
3. O abatimento, no preço do produto, do valor proporcional ao defeito.

Vamos ver o que o Código de Defesa do Consumidor diz:

Art. 12. O fabricante, o produtor, o construtor, nacional ou estrangeiro, e o importador respondem, independentemente da existência de culpa, pela reparação dos danos causados aos consumidores por defeitos decorrentes de projeto, fabricação, construção, montagem, fórmulas, manipulação, apresentação ou acondicionamento de seus produtos, bem como por informações insuficientes ou inadequadas sobre sua utilização e riscos.

§ 1º O produto é defeituoso quando não oferece a segurança que dele legitimamente se espera, levando-se em consideração as circunstâncias relevantes, entre as quais:

I - sua apresentação;
II - o uso e os riscos que razoavelmente dele se esperam;
III - a época em que foi colocado em circulação.

§ 2º O produto não é considerado defeituoso pelo fato de outro de melhor qualidade ter sido colocado no mercado.

§ 3º O fabricante, o construtor, o produtor ou importador só não será responsabilizado quando provar:

I - que não colocou o produto no mercado;
II - que, embora haja colocado o produto no mercado, o defeito inexiste;
III - a culpa exclusiva do consumidor ou de terceiro.

Art. 13. O comerciante é igualmente responsável, nos termos do artigo anterior, quando:

I - o fabricante, o construtor, o produtor ou o importador não puderem ser identificados;
II - o produto for fornecido sem identificação clara do seu fabricante, produtor, construtor ou importador;

III - não conservar adequadamente os produtos perecíveis.

Parágrafo único. Aquele que efetivar o pagamento ao prejudicado poderá exercer o direito de regresso contra os demais responsáveis, segundo sua participação na causação do evento danoso.

Como trabalhamos com promotores que abastecem os produtos, em alguns casos reembalam alguns itens, é necessário que se coloquem algumas informações na embalagem. O consumidor está protegido contra práticas desleais. Então vamos ver o que diz o artigo sobre publicidade:

Art. 37. É proibida toda publicidade enganosa ou abusiva.

§ 1º É enganosa qualquer modalidade de informação ou comunicação de caráter publicitário, inteira ou parcialmente falsa, ou, por qualquer outro modo, mesmo por omissão, capaz de induzir em erro o consumidor a respeito da natureza, características, qualidade, quantidade, propriedades, origem, preço e quaisquer outros dados sobre produtos e serviços.

§ 2º É abusiva, dentre outras, a publicidade discriminatória de qualquer natureza, a que incite à violência, explore o medo ou a superstição, se aproveite da deficiência de julgamento e experiência da criança, desrespeite valores ambientais, ou que seja capaz de induzir o consumidor a se comportar de forma prejudicial ou perigosa à sua saúde ou segurança.

§ 3º Para os efeitos deste Código, a publicidade é enganosa por omissão quando deixar de informar sobre dado essencial do produto ou serviço.

Não é possível condicionar a venda de um produto atrelada a outro, como não se pode deixar de atender os consumidores que querem adquirir sem limitações, como se verifica pelas reclamações dos consumidores.

O artigo 39 trata disso:

Art. 39. É vedado ao fornecedor de produtos ou serviços, dentre outras práticas abusivas:

(*Caput* com redação determinada pela Lei nº 8.884, de 11.6.1994.)

I - condicionar o fornecimento de produto ou de serviço ao fornecimento de outro produto ou serviço, bem como, sem justa causa, a limites quantitativos;

II - recusar atendimento às demandas dos consumidores, na exata medida de suas disponibilidades de estoque, e, ainda, de conformidade com os usos e costumes; [...].

Outros artigos, que tratam da proteção à saúde e segurança, e da oferta:

Da Proteção à Saúde e Segurança
Art. 8° Os produtos e serviços colocados no mercado de consumo não acarretarão riscos à saúde ou segurança dos consumidores, exceto os considerados normais e previsíveis em decorrência de sua natureza e fruição, obrigando-se os fornecedores, em qualquer hipótese, a dar as informações necessárias e adequadas a seu respeito.

Parágrafo único. Em se tratando de produto industrial, ao fabricante cabe prestar as informações a que se refere este artigo, através de impressos apropriados que devam acompanhar o produto.

Art. 9°. O fornecedor de produtos e serviços potencialmente nocivos ou perigosos à saúde ou segurança deverá informar, de maneira ostensiva e adequada, a respeito da sua nocividade ou periculosidade, sem prejuízo da adoção de outras medidas cabíveis em cada caso concreto.

Art. 10. O fornecedor não poderá colocar no mercado de consumo produto ou serviço que sabe ou deveria saber apresentar alto grau de nocividade ou periculosidade à saúde ou segurança.

§ 1° O fornecedor de produtos e serviços que, posteriormente à sua introdução no mercado de consumo, tiver conhecimento da periculosidade que apresentem, deverá comunicar o fato imediatamente às autoridades competentes e aos consumidores, mediante anúncios publicitários.

§ 2° Os anúncios publicitários a que se refere o parágrafo anterior serão veiculados na imprensa, rádio e televisão, às expensas do fornecedor do produto ou serviço.

§ 3° Sempre que tiverem conhecimento de periculosidade de produtos ou serviços à saúde ou segurança dos consumidores, a União, os Estados, o Distrito Federal e os Municípios deverão informá-los a respeito.

Da Oferta
Art. 30. Toda informação ou publicidade, suficientemente precisa, veiculada por qualquer forma ou meio de comunicação, com relação a produtos e serviços oferecidos ou apresentados, obriga o fornecedor que a fizer veicular ou dela se utilizar e integra o contrato que vier a ser celebrado.
Art. 31. A oferta e apresentação de produtos ou serviços devem assegurar informações corretas, claras, precisas, ostensivas e em língua portuguesa sobre suas características, qualidades, quantidade, composição, preço, garantia, prazos de validade e origem, entre outros dados, bem como sobre os riscos que apresentam à saúde e segurança dos consumidores.
Parágrafo único. As informações de que trata este artigo, nos produtos refrigerados oferecidos ao consumidor, serão gravadas de forma indelével.
(Parágrafo único acrescentado pela Lei n° 11.989, de 27.7.2009.)

Esses são apenas alguns exemplos de artigos relacionados aos produtos da maioria dos fornecedores de produtos para supermercados, mas vale ressaltar que existem outras situações que ocorrem diariamente nos Procons no Brasil inteiro. Cabe ao supervisor tentar evitar essas ocorrências, na medida do possível, e garantir a satisfação de seus clientes e consumidores finais.

Acompanhar a legislação e a jurisprudência é um bom caminho para se manter atualizado e atualizar suas equipes.

DESPERTANTO EM SUAS EQUIPES NOVAS IDEIAS

Ter ideias novas é desmontar o conceito que você tem sobre alguma coisa. É quebrar paradigmas.

Fazer as coisas que todos fazem é fácil, é só copiar e colar. E dar uma lapidada. Mas é bem provável que se obtenham os mesmos resultados, fazendo-se as mesmas coisas, apenas até que aquela ação deixe de ser novidade ou de dar lucro.

Eu acredito que, para se ter a mente criativa, é necessário garimpar um negócio em todas as oportunidades. É ver uma oportunidade em cada situação encontrada no mercado.

É procurar em cada cliente uma oportunidade de colocar mais um item de sua linha no *mix* de produtos da loja.

Tudo depende de como você vê as coisas. Depende da sua atenção no mercado em que atua.

Ver como se comportam as vendas de seus produtos, dos seus concorrentes, como vocês trabalham e também seus concorrentes, é observar quem sai na frente em todas as situações.

Não menosprezar os pequenos clientes, e tampouco supervalorizar os grandes.

Todo cliente tem importância igual na hora da venda. Você precisa dele, e ele precisa de você. Quando falamos que um supervisor deve ser motivador, a ideia era essa também. Ele deve estimular seus vendedores a usarem a criatividade. Para isso, o supervisor deve estar com a mente aberta para mudanças, porque um vendedor ou outro membro de outra equipe poderá chegar até você e apresentar um novo conceito de venda, e você deverá estar preparado para conceber esse conceito.

Estimule, empolgue, provoque seus comandados. Faça-os se sentir motivados a criar. E quando você conseguir isso, terá equipes novas e dispostas. Mostre a eles que devem estar ligados no mercado, em suas tendências, e assim usar todo seu potencial criativo.

Nas reuniões, você pode usar exemplos de criatividades que deram certo para o grupo todo, que, ao mesmo tempo em que estimula a equipe, mostra o reconhecimento pelo bom trabalho daquele que usou da sua criatividade.

LOGÍSTICA REVERSA

É um assunto relativamente novo para as empresas comerciais no Brasil, mas não menos importante que a logística propriamente dita.

A logística reversa é o caminho inverso que fazem os produtos que saem das fábricas e terminam nas mãos dos consumidores finais. Dessa operação, restam os resíduos das embalagens ou até mesmo o próprio produto, que, de alguma forma ou por alguma razão, não servem mais para uso ou consumo.

Acionistas, sociedade, consumidores, políticas de sobrevivência têm sido as razões para que as empresas tenham pensado, planejado e agido mais em torno da política reversa.

No período de adaptação, o processo sempre é mais dispendioso que lucrativo; porém, ao longo do tempo, esse quadro irá mudar para melhor.

Hoje, os supermercadistas, que são o motivo de nosso estudo, serão os mais afetados, em função de que um cliente que queira devolver produtos inservíveis, embalagens usadas, danificados, entre outros, por intermédio das redes de supermercados, irá utilizar um espaço físico da loja que deveria estar dando lucro financeiro.

Se pensarmos em longo prazo, o lucro será não só financeiro, como também ecológico, sustentável.

Levará muito tempo para que as empresas se adaptem à logística reversa totalmente, porque isso ainda demandará de legislação, estrutura, conscientização, custos e investimentos na área.

Onde entra o supervisor nesse processo? Bom, vamos começar pela conscientização das suas equipes no conceito e na ação.

Disseminar a ideia na própria empresa que num futuro próximo terá dificuldades em conseguir matéria-prima para produtos e/ou embalagens, reduzirá custos de produção, e irá ter uma excelente imagem perante acionistas e população, por ser uma empresa sustentável.

Se sua empresa já pratica a logística reversa, então essa prática deve ser acompanhada por todos que nela trabalham, e o supervisor não deve ficar de fora, principalmente porque será parte do processo, como todos os outros.

Se ainda não pratica, fica mais fácil, num primeiro momento, porque você poderá estudar sobre o assunto, observando como as empresas que fazem suas logísticas reversas trabalham com seus produtos e embalagens.

Já há alguns anos vemos empresas recolherem lâmpadas, baterias de celulares e pilhas (aparelhos eletrônicos) para fazer a logística reversa.

Devemos é saber o que estudar, como disseminar a ideia, praticar e acompanhar seu funcionamento.

O Congresso Nacional aprovou a Lei nº 12.305, em 2010, devidamente sancionada pelo Presidente da República, depois de tramitar por lá por mais de 20 anos, a qual instituiu a Política Nacional de Rasíduos Sólidos (PNRS).

Com isso, foram abordados três assuntos no novo conceito ambiental, que são:
1. a responsabilidade compartilhada pelo ciclo de vida dos produtos;
2. a logística reversa;
3. o acordo setorial.

A **responsabilidade compartilhada** é definida como:
[...] o conjunto de atribuições individualizadas e encadeadas dos fabricantes, importadores, distribuidores e comerciantes, e titulares dos serviços públicos de limpeza urbana e de manejo de resíduos sólidos, para minimizar o volume de resíduos sólidos e rejeitos regados, bem como para reduzir os impactos causados à saúde humana e à qualidade ambiental decorrentes do ciclo de vida dos produtos, nos termos desta Lei.

A **logística reversa**, por sua vez, é:
[...] é instrumento de desenvolvimento econômico e social caracterizado por um conjunto de ações, procedimentos e meios destinados a viabilizar a coleta e a restituição dos resíduos sólidos ao setor empresarial, para reaproveitamento, em seu ciclo ou em outros ciclos produtivos, ou outra destinação.

No Acordo Setorial, o **termo de compromisso** "é um ato de natureza contratual firmado entre o poder público e fabricantes, importadores, distribuidores ou comerciantes, tendo em vista a implantação da responsabilidade compartilhada pelo ciclo de vida do produto".

Esses conceitos estão publicados no site do Ministério do Meio Ambiente.

Hoje temos apenas alguns setores que estão com esse termo de compromisso, que são os de embalagens de agrotóxicos, óleos lubrificantes usados ou danificados, pilhas e baterias e pneus.

Em alguns mercados, também se está trabalhando com as embalagens em geral, os resíduos de medicamentos, as lâmpadas fluorescentes de vapor de sódio e mercúrio, e de luz mista, os eletroeletrônicos e seus componentes.

Em 17 de fevereiro de 2011, o governo federal instalou o Comitê Orientador para Implementação de Sistemas de Logística Reversa. Esse comitê é formado pelos ministérios da Fazenda, do Meio Ambiente, da Agricultura, Pecuária e Abastecimento, da Saúde, e do Desenvolvimento, Indústria e Comércio Exterior, e tem por finalidade definir as regras para a devolução dos resíduos à indústria, para reaproveitamento em seu ciclo produtivo.

Há muito se que estudar nessa área ainda, mas o importante para o supervisor é que ele tenha noções sobre o assunto, sabendo que o consumidor está cada vez mais atuante na responsabilidade compartilhada com os lojistas.

Veja algumas leis e resoluções sobre o assunto.

- A Lei nº 9.974/2000, que altera a Lei nº 7.802/1989, dispõe também sobre o destino final dos resíduos e embalagens de agrotóxicos.

- A Resolução CONAMA nº 362/2005 trata da reciclagem de óleo lubrificante usado e/ou contaminado.

- A Resolução CONAMA nº 401/2008 estabelece limites máximos de chumbo, cádmio e mercúrio para pilhas e baterias e critérios e padrões para seu gerenciamento adequado, ambientalmente falando.

- A Resolução CONAMA nº 416/2009 dispõe sobre a prevenção e a degradação ambiental causada por pneus, bem como sua destinação para os inservíveis.

Fonte:http://www.mma.gov.br/cidades-sustentaveis/residuos-solidos/instrumentos-da-politica-de-residuos/comite-orientador-logistica-reversa#embalagensemgeral. Acesso em: 03/09/2013.

OFERTA

17,99

CAPÍTULO IX

Legislação trabalhista

O supervisor está ligado diretamente às questões trabalhistas da sua empresa, bem como à segurança, à satisfação dos seus colaboradores e ao cumprimento da Lei.

Para que o supervisor tenha mais subsídios na direção de seus comandados, é necessário que ele tenha conhecimento, ainda que superficial, sobre como funcionam as coisas perante a CLT – Consolidação das Leis do Trabalho.

Vamos falar, de uma forma mais abrangente, dos pontos que são mais relevantes, mas lembrando que o supervisor precisa estar atento às convenções coletivas de trabalho feitas com os empregados e os sindicatos que os assistem, para não cometerem irregularidades, não ficando sujeitos a reclamações trabalhistas futuras.

O acompanhamento da CLT, ou do que diz a lei a respeito do trabalho, não está ligado apenas às questões financeiras, mas também às questões sociais. Defender os direitos dos empregados é garantir a satisfação deles e proteger a imagem da empresa perante a sociedade e o governo, além de um melhor resultado nos trabalhos realizado por eles.

Para começar, toda empresa organizada tem um plano de carreira, o qual contempla as descrições das funções de cada um dos seus cargos. Estude todas as funções dos seus funcionários detalhadamente. Com essas descrições você pode ou não cobrar certas atividades sem ferir o contrato com cada um deles.

Com o plano de carreira, você vai conhecer as formas de promoção salarial ou funcional que são possíveis no seu departamento.

Para o cargo de promotor, pode acontecer que haja em sua empresa as seguintes nomenclaturas: Promotor Júnior, Promotor, e Promotor Sênior. Se for assim na sua empresa, existem pelo menos duas formas de promovê-los.

Outra coisa que pode acontecer é, para o cargo de Vendedor Júnior, haver também três níveis, como Promotor Júnior I, Promotor Júnior II e Promotor Júnior III. Veja como aumentam as possibilidades de promoção.

As promoções são necessárias numa empresa, para dar incentivo para os funcionários desempenharem cada vez mais suas atividades em busca do reconhecimento e do crescimento. Assim, com o tempo você pode ir melhorando, ainda que pouco, o salário dos empregados, mostrando que eles estão merecendo e sendo reconhecidos.

Um plano de carreira pode, por um lado, engessar as atividades da empresa, mas, por outro, colabora para a melhora do desempenho de cada um dos seus empregados.

O empregado que tiver conhecimento, por ter recebido a descrição de sua função, não poderá alegar que não é sua tarefa ou que desconhecia seu trabalho.

Portanto, se a sua empresa tiver um manual de descrição de função, você deverá conhecê-lo, para gerenciar melhor o trabalho dos seus subordinados, inclusive para saber exatamente o se espera de você em relação às suas próprias atividades.

Não havendo um plano de carreira em sua empresa, você pode sugerir um.

O supervisor, para gerenciar melhor suas equipes de trabalho, entre outras coisas, precisa saber também sobre as seguintes informações, que terá contato constante no seu dia a dia:

1. jornada de trabalho;
2. registro de trabalho;
3. convenção coletiva de trabalho;
4. vale transporte e vale alimentação;
5. intervalos de almoço;
6. intervalo de descanso entre jornadas de trabalho;
7. adicional noturno;
8. horas extras;
9. férias;
10. uniformes e equipamentos;
11. rescisão por justa causa;
12. custo de EPI (Equipamento de Proteção Individual);
13. segurança do trabalho – utilização de EPI.

JORNADA DE TRABALHO

O supervisor terá equipes de apoio no escritório e equipes como de vendedores, promotores e demonstradores, que farão todo seu trabalho fora das instalações da empresa. Portanto, haverá duas situações com legislação diferenciada para cada uma delas.

A CLT, em seu artigo 58, diz o seguinte:

A duração normal do trabalho, para os empregados em qualquer atividade privada, não excederá de oito horas diárias, desde que não seja fixado expressamente outro limite.

§1º Não serão descontadas nem computadas como jornada extraordinária as variações de horário no registro de ponto não excedentes de cinco minutos, observado o limite máximo de dez minutos diários.

§2º O tempo despendido pelo empregado até o local de trabalho e para o seu retorno, por qualquer meio de transporte, não será computado na jornada de trabalho, salvo quando, tratando-se de local de difícil acesso ou não servido por transporte público, o empregador fornecer a condução.

O artigo 7º da CLT diz:
São direitos dos trabalhadores urbanos e rurais, além de outros que visem à melhoria de sua condição social:
(...)
XIII - duração do trabalho normal não superior a oito horas diárias e quarenta e quatro semanais, facultada a compensação de horários e a redução da jornada, mediante acordo ou convenção coletiva de trabalho; [...].

REGISTRO DE TRABALHO

Para os trabalhadores externos e os ocupantes de cargos de confiança, como é o seu caso, dos quais não é possível o controle de ponto, é instituído que não há controle e não há possibilidade de recebimento de horas extras. Portanto, não se pode exigir o cumprimento de horário definido, principalmente com a presença do funcionário externo, por exemplo, em escritório, para pegar as metas do dia, e no final do dia, para acertos das vendas e dos relatórios, porque se estará caracterizando o controle de horário, abrindo possibilidade para reclamação trabalhista futura.

O registro externo deve ser anotado manualmente, em documento próprio, diariamente, até por proteção com relação ao INSS, em caso de acidente de trabalho, mas nunca com registro de horas extras, salvo com orientação específica da sua empresa.

No Art. 62, Inciso I, da CLT trata do controle do horário dos trabalhos externos, o que se aplica aos empregados das equipes de supervisão e vendas.

Não cabe controle de horário para esses profissionais. Portanto, o supervisor deve acompanhar o trabalho dos vendedores, mas não fiscalizar o registro de horário.

Você, supervisor, também não irá registrar seus horários, como controle de entrada e de saída, por estar previsto no mesmo artigo da CLT.

Os promotores e demonstradores devem necessariamente registrar seus horários, para demonstrar suas presenças nos clientes e para uma futura consulta perante eles mesmos (os clientes).

É necessário que se verifique o que está acordado com o sindicato de cada profissional, para não se cometerem erros nesses controles.

Acompanhar os profissionais é diferente de conferir os horários de trabalho externo. Portanto, acompanhe, mas não fiscalize. Tudo por causa do horário extraordinário do trabalhador externo, que, se tiver uma obrigatoriedade de cumprimento de horas, tanto pelo início da jornada, estando no escritório, por exemplo, como no encerramento também, para levar as vendas ou "descarregar" seu *laptop*, pode caracterizar controle de horas e dar direito a uma reclamação trabalhista futura.

Art. 62. Não são abrangidas pelo regime previsto neste Capítulo:

I - os empregados que exercem atividade externa incompatível com a fixação de horário de trabalho, devendo tal condição ser anotada na Carteira de Trabalho e Previdência Social e no registro de empregados;

II - os gerentes, assim considerados os exercentes de cargos de gestão, aos quais se equiparam, para efeito no disposto neste artigo, os diretores e chefes de departamento ou filial.

Parágrafo único. O regime previsto neste capítulo será aplicável aos empregados mencionados no inciso II deste artigo, quando o salário do cargo de confiança, compreendendo a gratificação de função, se houver, for inferior ao valor do respectivo salário efetivo acrescido de 40% (quarenta por cento).

CONVENÇÃO COLETIVA DE TRABALHO

Nas convenções coletivas de trabalho feitas com os sindicatos de classe, devidamente registradas nos órgãos do Ministério do Trabalho, estão acordos que foram feitos e aceitos entre as partes, os quais podem fugir um pouco do que consta da CLT, porém não são ilegais.

É necessário que aqueles que trabalham com cargos de chefia tenham conhecimento dessas convenções, para não cometerem injustiças com seus subordinados, ou para não propiciar uma possível reclamação trabalhista no futuro.

Nessas convenções pode haver acordos sobre horas trabalhadas, horas extras, intervalos para refeições, piso salarial, entre outras coisas.

Art. 611. Convenção Coletiva de Trabalho é o acordo de caráter normativo pelo qual dois ou mais sindicatos representativos de categorias econômicas e profissionais estipulam condições de trabalho aplicáveis, no âmbito das respectivas representações, às relações individuais de trabalho.

§1º É facultado aos sindicatos representativos de categorias profissionais celebrar Acordos Coletivos com uma ou mais empresas da correspondente categoria econômica, que estipulem condições de trabalho, aplicáveis no âmbito da empresa ou das empresas acordantes às respectivas relações de trabalho.

§2º As Federações e, na falta destas, as Confederações representativas de categorias econômicas ou profissionais poderão celebrar convenções coletivas de trabalho para reger as relações das categorias a elas vinculadas, inorganizadas em sindicatos, no âmbito de suas representações.

VALE-TRANSPORTE, VALE-ALIMENTAÇÃO E OUTROS

O vale-transporte foi introduzido no Brasil em 1985, nos termos da Lei nº 7.418/85, conforme abaixo:

Art. 1º. São beneficiários do Vale-Transporte, nos termos da Lei nº 7.418, de 16 de dezembro de 1985, os trabalhadores em geral, tais como: (NR) (Redação dada ao *caput* pelo Decreto nº 2.880, de 15.12.1998, DOU 16.12.1998.

[...]

IV - os empregados a domicílio, para os deslocamentos indispensáveis à prestação do trabalho, percepção de salários e os necessários ao desenvolvimento das relações com o empregador; [...].

Depois, pelo Decreto nº 95.247, de 17 de novembro de 1987 (DOU 18.11.1987), que regulamenta a Lei nº 7.418, de 16 de dezembro de 1985, que institui o vale- transporte, com a alteração da Lei nº 7.619, de 30 de setembro de 1987 – a partir dessa data, as empresas, as organizações públicas, entre outras organizações que empregam funcionários, são obrigadas a fornecer vale-transporte das seguintes formas:

Para ir e vir do trabalho para a residência do empregado – serão descontados do empregado até 6% do salário, referentes ao valor cedido como vale-transporte, e a partir deste percentual a empresa/organização arcará com a diferença.

Para deslocamento no caso de trabalho externo – não há desconto de nenhum percentual.

O auxílio-refeição, criado no Brasil em 1976, pelo Programa de Alimentação ao Trabalhador – PAT, por intermédio da Lei nº 6.321, é devido ao empregado que cumpra duas jornadas de trabalho por dia. Nesse caso, o subsídio pode ser total ou parcial.

Não há desconto em folha, e o valor é calculado pela empresa e cedido integralmente para todos. A exceção é quando a empresa fornece a alimentação, que pode ser em suas próprias dependências ou de outra forma, diretamente. Nesse caso, a empresa não deve fornecer nenhum outro crédito alimentício aos colaboradores.

O auxílio-alimentação é utilizado para compras nos supermercados, não sendo permitida a aquisição de bebidas, roupas, entre outras coisas que não sejam alimentos.

Outro benefício é o vale-farmácia, que também pode ou não ser subsidiado conforme a política da empresa, uma vez que não há obrigatoriedade de ser dado.

Outras empresas oferecem também o vale-combustível como benefício, e também cria regras próprias para o subsídio.

INTERVALOS DE ALMOÇO

Segundo a legislação, o intervalo para refeições, independentemente do horário praticado nas jornadas de trabalho, estão a seguir:

Para jornadas de trabalho acima de quatro e até seis horas corridas, deverá haver um intervalo de, no mínimo, 15 minutos, não descontáveis do horário trabalhado; ou seja, se houve o intervalo, conta-se o horário sem o descanso. Esse intervalo, se não for registrado diariamente, deve constar impresso no registro de anotações.

Para jornadas de oito horas de trabalho, o empregado tem o direito de uma hora, no mínimo, e duas horas, no máximo, de intervalo para refeições, não descontáveis do horário de trabalho.

Não é possível fazer o empregado trabalhar, por exemplo, quatro horas de manhã, dar um intervalo de três ou quatro horas, e depois fazê-lo retornar para outra jornada. Isso é proibido! O intervalo máximo permitido é de duas horas.

Vi empresas que, para atender clientes, colocavam seus funcionários trabalhando das 7h às 11h, tendo que retornar às 16h, indo até 20h. O intervalo desses funcionários era de cinco horas, o que é totalmente ilegal. Além de criar um descontentamento com o colaborador, abre a possibilidade de reclamação trabalhista.

> Art. 71. Em qualquer trabalho contínuo, cuja duração exceda de seis horas, é obrigatória a concessão de um intervalo para repouso ou alimentação, o qual será, no mínimo, de uma hora e, salvo acordo escrito ou contrato coletivo em contrário, não poderá exceder de duas horas.

§1º Não excedendo de seis horas o trabalho, será, entretanto, obrigatório um intervalo de quinze minutos quando a duração ultrapassar quatro horas.

§2º Os intervalos de descanso não serão computados na duração do trabalho.

§3º O limite mínimo de uma hora para repouso ou refeição poderá ser reduzido por ato do Ministro do Trabalho, quando, ouvido o Departamento Nacional de Higiene e Segurança do Trabalho (DNHST), (atual Secretaria de Segurança e Medicina do Trabalho - SSMT), se verificar que o estabelecimento atende integralmente às exigências concernentes à organização dos refeitórios e quando os respectivos empregados não estiverem sob regime de trabalho prorrogado a horas suplementares.

§4º Quando o intervalo para repouso e alimentação, previsto neste artigo, não for concedido pelo empregador, este ficará obrigado a remunerar o período correspondente com um acréscimo de no mínimo 50% sobre o valor da remuneração da hora normal de trabalho.

INTERVALO DE DESCANÇO ENTRE JORNADAS DE TRABALHO

Por lei, esse intervalo, de um dia para outro, não pode ser inferior a 11 horas, salvo alguma convenção especial ou jornadas de trabalho em escala. O intercalo serve para reposição e descanso do funcionário, e não pode ser reduzido.

Já fui colocado para trabalhar a noite inteira, após a jornada normal de trabalho, para uma eventual inauguração de loja de supermercado, e depois tendo que voltar a trabalhar normalmente, sem o descanso devido. Dá para imaginar o rendimento meu e de meus colegas naquele dia seguinte.

Vamos ver o que diz a CLT: "Art. 66. Entre duas jornadas de trabalho haverá um período mínimo de onze horas consecutivas para descanso".

O mesmo vale para trabalho de mulheres e menores.

ADICIONAL NOTURNO

O adicional noturno é devido ao empregado que trabalhe a partir das 22 horas até as 5 horas do dia seguinte. A hora noturna tem menos minutos do que a hora normal do dia. A maneira que encontraram para compensar o empregado pelo trabalho noturno foi tirando 7 minutos e 30 segundos da hora normal, de forma que, no transcorrer de cinco horas trabalhadas, o empregado passa a ter direito a mais uma hora no contracheque. Não é a título de hora extra, mas sim de adicional noturno.

É proibido o trabalho noturno para jovens com menos de 18 anos. Veja a CLT no artigo abaixo:

Art. 73. Salvo nos casos de revezamento semanal ou quinzenal, o trabalho noturno terá remuneração superior à do diurno e, para esse efeito, sua remuneração terá um acréscimo de 20% (vinte por cento), pelo menos, sobre a hora diurna.

§1º A hora do trabalho noturno será computada como de 52 minutos e 30 segundos.

§2º Considera-se noturno, para os efeitos deste artigo, o trabalho executado entre as 22 horas de um dia e as 5 horas do dia seguinte.

§3º O acréscimo a que se refere o presente artigo, em se tratando de empresas que não mantêm, pela natureza de suas atividades, trabalho noturno habitual será feito tendo em vista os quantitativos pagos por trabalhos diurnos de natureza semelhante. Em relação às empresas cujo trabalho noturno decorra da natureza de suas atividades, o aumento será calculado sobre o salário-mínimo geral vigente na região, não sendo devido quando exceder desse limite, já acrescido da percentagem.

§4º Nos horários mistos, assim entendidos os que abrangem períodos diurnos e noturnos, aplica-se às horas de trabalho noturno o disposto neste artigo e seus parágrafos.

HORAS EXTRAS

Como já foi comentado, o trabalho externo não está sujeito a controle; portanto, não há direito ao recebimento de horas extras por parte do empregado.

Da mesma forma, os cargos de supervisor de vendas. Estes são considerados cargos de confiança e já ganham mais para articularem seus horários da maneira que for mais conveniente ao empregado, não havendo controle nem direito a horas extras.

Todos os demais colaboradores que são submetidos a um controle de horário terão direito ao recebimento das horas adicionais no seu pagamento, caso as façam. Na CLT, o artigo 59 diz o seguinte:

Art. 59. A duração normal do trabalho poderá ser acrescida de horas suplementares em número não excedente de duas, mediante acordo escrito entre empregador e empregado, ou mediante contrato coletivo de trabalho.

§1º Do acordo ou do contrato coletivo de trabalho deverá constar, obrigatoriamente, a importância da remuneração da hora suplementar, que será, pelo menos, 20% (vinte por cento) superior à da hora normal.

§2º Poderá ser dispensado o acréscimo de salário se, por força de acordo ou convenção coletiva de trabalho, o excesso de horas em um dia for compensado pela correspondente diminuição em outro dia, de maneira que não exceda, no período máximo de um ano, à soma das jornadas semanais de trabalho previstas, nem seja ultrapassado o limite máximo de dez horas diárias.

§3º Na hipótese de rescisão do contrato de trabalho sem que tenha havido a compensação integral da jornada extraordinária, na forma do parágrafo anterior, fará o trabalhador jus ao pagamento das horas extras não compensadas, calculadas sobre o valor da remuneração na data da rescisão.

§4º Os empregados sob o regime de tempo parcial não poderão prestar horas extras.

FÉRIAS

Segundo a CLT, 30 dias de férias são devidas para cada ano trabalhado, da seguinte forma:

Art. 130. Após cada período de 12 (doze) meses de vigência do contrato de trabalho, o empregado terá direito a férias, na seguinte proporção:

I - 30 (trinta) dias corridos, quando não houver faltado ao serviço mais de 5 (cinco) vezes;

II - 24 (vinte e quatro) dias corridos, quando houver tido de 6 (seis) a 14 (quatorze) faltas;

III - 18 (dezoito) dias corridos, quando houver tido de 15 (quinze) a 23 (vinte e três) faltas;

IV - 12 (doze) dias corridos, quando houver tido de 24 (vinte e quatro) a 32 (trinta e duas) faltas.

§1º É vedado descontar, do período de férias, as faltas do empregado ao serviço.

§2º O período das férias será computado, para todos os efeitos, como tempo de serviço.

Normalmente, as empresas não descontam os dias de férias por faltas, mas é importante saber que é possível fazê-lo.

Art. 134. As férias serão concedidas por ato do empregador, em um só período, nos 12 (doze) meses subsequentes à data em que o empregado tiver adquirido o direito.

§1º Somente em casos excepcionais serão as férias concedidas em dois períodos, um dos quais não poderá ser inferior a 10 (dez) dias corridos.

§2º Aos menores de 18 (dezoito) anos e aos maiores de 50 (cinquenta) anos de idade, as férias serão sempre concedidas de uma só vez.

As férias devem ser tiradas dentro do período aquisitivo, não podendo ser acumulados dois períodos aquisitivos, porque, caso ocorra, a empresa deverá pagar em dobro as férias vencidas e o funcionário terá que tirá-las do mesmo jeito.

Art. 137. Sempre que as férias forem concedidas após o prazo de que trata o art. 134, o empregador pagará em dobro a respectiva remuneração.

§1º Vencido o mencionado prazo sem que o empregador tenha concedido as férias, o empregado poderá ajuizar reclamação pedindo a fixação, por sentença, da época de gozo das mesmas [sic].

§2º A sentença cominará pena diária de 5% (cinco por cento) do salário mínimo da região, devida ao empregado até que seja cumprida.

§3º Cópia da decisão judicial transitada em julgado será remetida ao órgão local do Ministério do Trabalho, para fins de aplicação da multa de caráter administrativo.

CUIDADOS COM UNIFORMES E EQUIPAMENTOS

Os uniformes, assim como os EPIs, devem ser cedidos sem custo aos funcionários. Se a empresa exige a utilização desses uniformes, eles devem ser gratuitos e na quantidade adequada para uso diário.

Há pouco tempo, num supermercado em Belo Horizonte, ouvi um funcionário reclamando a um colega que sua empresa havia cedido apenas uma unidade de camiseta como uniforme, e ele não aguentava mais o próprio cheiro, pois não havia tempo suficiente para lavá-la e secá-la todos os dias.

O supervisor deve estar atento aos cuidados da imagem de seus guiados, e à maneira com que eles tratam suas vestes. A responsabilidade deve ser de todos.

Quanto aos equipamentos que são entregues aos funcionários, sejam eles de trabalho fixo na empresa ou itinerantes, a preocupação deve ser de todos. Também porque, se o funcionário não cuidar bem dos seus equipamentos, não executará bem suas atividades. Se o supervisor não se preocupar, dará exemplo para que as suas equipes também não se preocupem.

Veja a seguir, no item 12, com relação ao custo de EPI, que recai sobre a empresa; mas, se houver descuido, o prejuízo ficará com o funcionário.

RESCISÃO DE CONTRATO DE TRABALHO POR JUSTA CAUSA

Justa causa, popularmente falado, quer dizer: Rescisão de Contrato de Trabalho por Justa Causa. Isso significa que qualquer uma das partes pode rescindir o contrato de trabalho por justa causa. É comum falarmos de demitir o empregado dessa forma; porém, é possível a rescisão por justa causa também por parte do empregado.

Essa modalidade de rescisão é muito difícil de ser comprovada, mas existem algumas condições previstas na CLT, assim:

Art. 482. Constituem justa causa para rescisão do contrato de trabalho pelo empregador:

a) ato de improbidade;

b) incontinência de conduta ou mau procedimento;

c) negociação habitual por conta própria ou alheia sem permissão do empregador e quando constituir ato de concorrência à empresa para a qual trabalha o empregado, ou prejudicial ao serviço;

d) condenação criminal do empregado, passada em julgado, caso não tenha havido suspensão da execução da pena;

e) desídia no desempenho das respectivas funções;

f) embriaguez habitual ou em serviço;

g) violação de segredo da empresa;

h) ato de indisciplina ou de insubordinação;

i) abandono de emprego;

j) ato lesivo da honra ou da boa fama praticado no serviço contra qualquer pessoa, ou ofensas físicas, nas mesmas condições, salvo em caso de legítima defesa, própria ou de outrem;

k) ato lesivo da honra e boa fama ou ofensas físicas praticadas contra o empregador e superiores hierárquicos, salvo em caso de legítima defesa, própria ou de outrem;

l) prática constante de jogos de azar;

m) constitui igualmente justa causa para dispensa do empregado a prática, devidamente comprovada em inquérito administrativo, de atos atentatórios à segurança nacional;

n) não cumprimento, por parte do empregado, das normas de segurança e medicina do trabalho, especialmente nos setores de inflamáveis e explosivos.

Art. 483. O empregado poderá considerar rescindido o contrato e pleitear a devida indenização quando:

a) forem exigidos serviços superiores às suas forças, defesos por lei, contrários aos bons costumes, ou alheios ao contrato;

b) for tratado pelo empregador ou por seus superiores hierárquicos com rigor excessivo;

c) correr perigo manifesto de mal considerável;

d) não cumprir o empregador as obrigações do contrato;

e) praticar o empregador, ou seus prepostos, contra ele ou pessoas de sua família, ato lesivo de honra e boa fama;

f) o empregador ou seus prepostos ofenderem-no fisicamente, salvo em caso de legítima defesa, própria ou de outrem. (Redação dada pela Lei nº 4.825/65 – 8.11.65.)

g) o empregador reduzir o trabalho, sendo este por peça ou tarefa, de forma a afetar sensivelmente a importância dos salários.

§1º O empregado poderá suspender a prestação dos serviços ou rescindir o contrato quando tiver de desempenhar obrigações incompatíveis com a continuação do serviço.

§2º No caso de morte do empregador constituído em empresa individual, é facultado ao empregado rescindir o contrato de trabalho.

§3º Nas hipóteses das letras "d" e "g", poderá o empregado pleitear a rescisão de contrato de trabalho e o pagamento das respectivas indenizações, permanecendo ou não no serviço até final decisão do processo.

SEGURANÇA E MEDICINA NO TRABALHO (DO SUPERVISOR E DAS SUAS EQUIPES)

Parece que não é de muita importância a questão de segurança, pois, num primeiro momento, temos a impressão de que não estamos expostos aos riscos de acidentes de trabalho. Porém, vamos ver a seguir.

Um vendedor atuante, por muitas vezes e em muitos clientes, movimenta cargas, não como atividade principal, mas como atividade acessória. Por exemplo: como foi no meu caso e ainda é para muitos profissionais de vendas, eu chegava à loja do cliente, o cumprimentava, ia para a área de vendas, a fim de verificar as quantidades de produtos existentes, para poder calcular os faltantes. Bom, nesse momento eu fazia uma breve arrumação na área de vendas, deixando os espaços vazios para novos produtos, que provavelmente estavam no depósito para abastecimento.

Até aí está tudo certo. Depois eu ia para o depósito, para fazer a mesma coisa, ou seja, arrumar o estoque de mercadoria do meu *mix*

de produtos, para saber o que era necessário vender para aquela loja. Esse era o momento em que eu movimentava carga. Não vejo como é possível, num cliente grande, saber das quantidades corretamente se não movimentar as caixas, e isto vale também para as câmaras de resfriados e de congelados nas lojas.

Quando se movimenta cargas nas câmaras, o risco de acidentes é ainda maior. Olha que estamos falando apenas dos vendedores.

Quanto aos promotores de vendas e dos demonstradores, a condição é ainda mais séria, por causa do tempo de exposição ao risco.

Veja o que diz a Lei nº 6.514, de 22/12/1977:

> CAPÍTULO V - DA SEGURANÇA E DA MEDICINA DO TRABALHO
> Art. 157 - Cabe às empresas:
> I - cumprir e fazer cumprir as normas de segurança e medicina do trabalho;
> II - instruir os empregados, através de ordens de serviço, quanto às precauções a tomar no sentido de evitar acidentes do trabalho ou doenças ocupacionais;
> III - adotar as medidas que lhes sejam determinadas pelo órgão regional competente;
> IV - facilitar o exercício da fiscalização pela autoridade competente.
>
> Art. 158 - Cabe aos empregados:
> I - observar as normas de segurança e medicina do trabalho, inclusive as instruções de que trata o item II do artigo anterior;
> II - colaborar com a empresa na aplicação dos dispositivos deste Capítulo.
> Parágrafo único - Constitui ato faltoso do empregado a recusa injustificada:
> a) à observância das instruções expedidas pelo empregador na forma do item II do artigo anterior;

b) ao uso dos equipamentos de proteção individual fornecidos pela empresa.

Art. 159 - Mediante convênio autorizado pelo Ministro do Trabalho, poderão ser delegadas a outros órgãos federais, estaduais ou municipais atribuições de fiscalização ou orientação às empresas quanto ao cumprimento das disposições constantes deste Capítulo.

A verdade é que o supervisor deve estar atendo aos cuidados com a segurança de seus comandados, porque, além do respeito à vida e a integridade física do ser humano, há que se pensar nas consequências da ausência do empregado em caso de acidentes.

Além do sofrimento para o empregado, que pode levar anos para se recuperar ou até nem se recuperar o suficiente para ter uma vida normal, a empresa estará sujeita a multas e outras penalidades previstas em lei.

O uso de EPI, embora você não esteja vendo o tempo todo os seus comandados trabalhando, você deve ter a segurança de que eles estejam fazendo tudo com segurança, mesmo sem sua presença.

Para começar, veja o que diz o Art. 166 da Lei nº 6.514, de 22/12/1977:

Seção IV - Do Equipamento de Proteção Individual

Art 166 - A empresa é obrigada a fornecer aos empregados, gratuitamente, equipamento de proteção individual adequado ao risco e em perfeito estado de conservação e funcionamento, sempre que as medidas de ordem geral não ofereçam completa proteção contra os riscos de acidentes e danos à saúde dos empregados.

Os vendedores, na maioria dos casos, não utilizam equipamentos de segurança, a não ser no seu veículo, como cinto de segurança, extintor, *air bags*, ou capacetes e roupas apropriadas, se forem motociclistas; mas os promotores e outras equipes com certeza utilizarão.

Nas lojas, como é um requisito de segurança local, deverão estar disponibilizados jaquetões para entrada das câmaras de congelados, mas em nenhuma outra situação há essa comodidade. No caso dos promotores, eles devem carregar consigo seu próprio EPI.

Estamos falando em movimentação de cargas, então precisamos ver o que diz a legislação no que se refere à movimentação, à armazenagem e ao manuseio de materiais. Embora não tenhamos o direito nem controle sobre as atividades que acontecem nas lojas de supermercados, podemos orientar nossas equipes, para que não aconteça nada com elas durante suas atividades nos clientes.

Art. 182 - O Ministério do Trabalho estabelecerá normas sobre:

I - as precauções de segurança na movimentação de materiais nos locais de trabalho, os equipamentos a serem obrigatoriamente utilizados e as condições especiais a que estão sujeitas a operação e a manutenção desses equipamentos, inclusive exigências de pessoal habilitado;

II - as exigências similares relativas ao manuseio e à armazenagem de materiais, inclusive quanto às condições de segurança e higiene relativas aos recipientes e locais de armazenagem e os equipamentos de proteção individual;

III - a obrigatoriedade de indicação de carga máxima permitida nos equipamentos de transporte, dos avisos de proibição de fumar e de advertência quanto à natureza perigosa ou nociva à saúde das substâncias em movimentação ou em depósito, bem como das recomendações de primeiros socorros e de atendimento médico e símbolo de perigo, segundo padronização internacional, nos rótulos dos materiais ou substâncias armazenados ou transportados.

Parágrafo único - As disposições relativas ao transporte de materiais aplicam-se, também, no que couber, ao transporte de pessoas nos locais de trabalho.

Art. 183 - As pessoas que trabalharem na movimentação de materiais deverão estar familiarizadas com os métodos racionais de levantamento de cargas.

É muito comum, no trabalho do promotor, que lida com perecíveis derivados de carnes e de laticínios, ter que fatiar peças para a exposição na loja. Então veja o que diz a mesma lei anterior, no art. 185 da Seção XI – Das Máquinas e Equipamentos.

Art. 185 - Os reparos, limpeza e ajustes somente poderão ser executados com as máquinas paradas, salvo se o movimento for indispensável à realização do ajuste.

Para os promotores que trabalham com queijos e presuntos, principalmente com as máquinas fatiadoras, devem ser limpas antes de serem usadas. Então devem estar desligadas, para não ocorrerem acidentes.

Outra dica para fatiamento é: se o promotor tiver que fatiar queijos e presuntos, e se tiver apenas uma máquina, ele deve fatiar primeiro o presunto. A peça a ser fatiada deve ser colocada no *freezer*, por alguns minutos, para que adquira mais consistência e assim se consigam fatias mais finas, sem se quebrarem no processo.

Fatiar primeiro o presunto, porque um pequeno resíduo de carne que porventura ficar na máquina não irá contaminar a peça de queijo.

O inverso não é verdadeiro, pois o queijo contamina a peça de presunto, e em pouco tempo as fatias expostas ficarão esverdeadas e brilhantes, parecendo estragadas, comprometendo as vendas.

Voltando à questão da limpeza, todos os funcionários devem saber que não se limpa nenhuma máquina se esta estiver em funcionamento.

SEÇÃO XIII - Das Atividades Insalubres ou Perigosas

Art. 189 - Serão consideradas atividades ou operações insalubres aquelas que, por sua natureza, condições ou métodos de trabalho, exponham os empregados a agentes nocivos à saúde, acima dos limites de tolerância fixados em razão da natureza e da intensidade do agente e do tempo de exposição aos seus efeitos.

Onde aplicamos esse artigo? Principalmente para aqueles que trabalham em locais como câmaras de congelados, resfriados e que permanecem por muito tempo no seu interior. Se eles estiverem orientados e seguirem as normas da empresa, não ficarão doentes nem causarão prejuízos à sua própria saúde.

SEÇÃO XIV - Da Prevenção da Fadiga
Art. 198 - É de 60 kg (sessenta quilogramas) o peso máximo que um empregado pode remover individualmente, ressalvadas as disposições especiais relativas ao trabalho do menor e da mulher.

Parágrafo único - Não está compreendida na proibição deste artigo a remoção de material feita por impulsão ou tração de vagonetes sobre trilhos, carros de mão ou quaisquer outros aparelhos mecânicos, podendo o Ministério do Trabalho, em tais casos, fixar limites diversos, que evitem sejam exigidos do empregado serviços superiores às suas forças.

Nesse caso, se um profissional – e muitas vezes é o próprio vendedor que faz as entregas – tiver que carregar pesos acima do estipulado, mesmo que ele tenha porte físico para isso, ele deve ser orientado e cobrado para que não o faça, porque, em longo prazo, isso poderá trazer danos à sua saúde. É bom lembrar que o empregado faz tudo de boa vontade, mesmo contrariando as normas, mas na primeira desavença isso é revertido em causa trabalhista. O certo é não permitir de nenhuma forma.

Art. 199 - Será obrigatória a colocação de assentos que assegurem postura correta ao trabalhador, capazes de evitar posições incômodas ou forçadas, sempre que a execução da tarefa exija que trabalhe sentado.

Parágrafo único - Quando o trabalho deva ser executado de pé, os empregados terão à sua disposição assentos para serem utilizados nas pausas que o serviço permitir.

Essa é uma situação que se enquadra bem para demonstradores, que ficam o dia inteiro em pé fazendo, demonstrações e degustações. Nesse caso, é necessário que se disponibilize um banco ou cadeira, para que eles descansem, sentados, nos intervalos.

SEÇÃO XV - Das Outras Medidas Especiais de Proteção
Art. 200 - Cabe ao Ministério do Trabalho estabelecer disposições complementares às normas de que trata este Capítulo, tendo em vista as peculiaridades de cada atividade ou setor de trabalho, especialmente sobre :

SEÇÃO XVI - Das Penalidades

Art. 201 - As infrações ao disposto neste Capítulo relativas à medicina do trabalho serão punidas com multa de 3 (três) a 30 (trinta) vezes o valor de referência previsto no artigo 2º, parágrafo único, da Lei nº 6.205, de 29 de abril de 1975, e as concernentes à segurança do trabalho com multa de 5 (cinco) a 50 (cinquenta) vezes o mesmo valor.

CUSTO DE EPI

O EPI significa Equipamentos de Proteção Individual, os quais, desde 1977, são de uso obrigatório, e devem ser entregues, para uso do empregado, sem qualquer custo pelo mesmo.

Da mesma maneira que a empresa é obrigada a pagar pelo EPI, o empregado é obrigado a usá-lo, e o material ficará sob seus cuidados e responsabilidade.

A empresa pode cobrar do empregado se este não usar adequadamente os equipamentos, danificá-los ou perde-los. Até mesmo em caso de roubo, se não foi feita nenhuma defesa por parte do responsável pelo objeto, ele deverá substituí-lo por outro.

Art. 158. Cabe aos empregados:

I - observar as normas de segurança e medicina do trabalho, inclusive as instruções de que trata o item II do artigo anterior;

II - colaborar com a empresa na aplicação dos dispositivos deste Capítulo.

Parágrafo único - Constitui ato faltoso do empregado a recusa injustificada:

a) à observância das instruções expedidas pelo empregador na forma do item II do artigo anterior;

b) ao uso dos equipamentos de proteção individual fornecidos pela empresa.

Deve-se a redação deste artigo à Lei nº 6.514/77 (DOU 23.12.77).

Há, ainda, a NR-6, Norma Regulamentadora sobre os Equipamentos de Proteção Individual (EPI):

6.7 - Obrigações do Empregado.

6.7.1 - Obriga-se o empregado, quanto ao EPI, a:
a) usá-lo apenas para a finalidade a que se destina;
b) responsabilizar-se por sua guarda e conservação;
c) comunicar ao empregador qualquer alteração que o torne impróprio para uso.

RESPONSABILIDADE SOCIAL

Deixei este tópico para o final para deixar você refletindo sobre o assunto.

Deixando a minha opinião, tenho convicção que todos devemos fazer a nossa parte, e isso inclui tudo que diz respeito à responsabilidade com a sociedade de um modo geral. Com o meio ambiente, com os portadores de capacidades especiais, em todas as esferas – mas como não atuamos em todas elas, vamos fazer o que nos cabe.

Por exemplo, alertar os vendedores para que andem com seus veículos bem regulados, alinhados e com pneus calibrados, porque isso faz com que eles gastem menos gasolina, poluem menos o ar e gastem menos dinheiro. Todos ganham.

Estimular a todos os funcionários que aprendam LIBRAS, língua brasileira de sinais. É a segunda língua oficial no Brasil; e, além de ser um curso barato, rápido de aprender, vale no currículo como outra língua de conhecimento. Poderão se comunicar com qualquer deficiente auditivo. E, mais uma vez, todos ganham.

LIBRAS
Lingua Brasileira de Sinais
acessibilidade

Estimular um trabalho social voluntário, como doar sangue, prestar assistência a uma instituição pelo menos uma vez por ano.

Se suas equipes estiverem engajadas em uma tarefa dessas, trabalhando de graça, imagine o que poderiam fazer com as vendas, recebendo um salário. Penso que essas atividades também estimulem o trabalho em equipe.

Mais e mais empresas estão voltadas ao *marketing* social. Isso faz muito bem para sua imagem, bem como aumenta o grau de satisfação dos empregados em trabalhar em uma empresa com mais essa preocupação.

Estimular as equipes de promotores e demonstradores para que separem seus lixos nas lojas, para uma possível reciclagem. Se as lojas ainda não separam seus lixos, você pode se tornar o exemplo. Todos ganham.

A conscientização sobre meio ambiente deve estar em toda a empresa.

Veja essa questão de grande importância, que é o descarte de resíduos.

Esta é uma situação sem volta. Cada vez mais as cidades brasileiras estão classificando seus lixos, para a coleta seletiva, porque não existem mais áreas de lixões para descartar seus resíduos.

Estimular suas equipes a separar o lixo, em todos os ambientes, estará transformando sua empresa em uma ecologicamente correta. Bom para as ações da empresa, bom para os empregados, excelente para a natureza.

Vamos falar então um pouco sobre classificação de resíduos.

No Brasil, várias prefeituras estão passando por sérios problemas de saneamento ambiental. Sem falar da falta de água potável disponível, esgotos domésticos e industriais, ainda temos os lixões, que são outros focos de problemas sociais, pelos quais todos somos responsáveis.

Como o lixo é também resultante das nossas atividades diárias, devemos, sim, nos preocupar com o resultado desses resíduos produzidos por nós.

Diretamente relacionado e envolvido com esses resíduos, no âmbito das atividades de vendas, está o promotor de vendas e os demonstradores, em muitos casos.

Os demonstradores produzem algum lixo quando fazem demonstrações no mercado, onde devem, de alguma maneira, abrir embalagens, manipular e transformar produtos para degustações.

O promotor produz, por força do seu trabalho, muito lixo. Esses lixos muitas vezes ficam expostos por horas na área de vendas no cliente, o que, além de manter a loja suja, depõe contra a imagem da empresa e enfraquecem as vendas.

Outros que podem produzir lixo, talvez em menor quantidade, são os RCAs, que muitas vezes abastecem seus produtos nos clientes e, portanto, produzem resíduos desse abastecimento.

Como estamos falando de supervisão de vendas para fornecedores diversos, vamos falar sobre a classificação de resíduos, que deverá atender a quase todos esses fornecedores.

Classificação de Resíduos.

Considerando a origem da produção de variados tipos de lixo, estes são classificado da seguinte maneira:
- · Comercial: produzido pelas empresas comerciais e prestadores de serviços.
- · Doméstico: produzido em residências.
- · Especiais: produzidos pelas podas de jardins, entulhos de construções e animais mortos.
- · Hospitalares: produzidos por hospitais, farmácias, clínicas etc.
- · Industrial: produzidos por indústrias (classe I, II e III).

Considerando a composição química do lixo, este pode ser classificado em duas categorias:
- Lixo orgânico.
- Lixo inorgânico.

Todo lixo que não é descartado adequadamente de alguma forma trará danos ao meio ambiente, prejudicando não só a nós, seres humanos, mas também ao meio ambiente, afetando a flora e a fauna. Também teremos a poluição da água, do ar e do solo.

O destino final do lixo produzido será dado por meio dos seguintes processos:

a. aterros sanitários, onde são jogados os lixos domésticos;
b. esterilização e desinfecção, que são os tratamentos dos resíduos patogênicos, entre outros produzidos por clínicas e hospitais;
c. reciclagem energética, por meio da qual produtos especiais são incinerados, com o aproveitamento da energia gerada e transformada;
d. reciclagem industrial, em que os lixos são reaproveitados e transformados em novos materiais.
e. reciclagem orgânica, com a formação de compostagem feita com o lixo orgânico.

Quando falamos em lixo, pensamos no conceito dos "Três Rs" para controle do lixo, que são: Reduzir, Reutilizar e Reciclar.

Quando reduzimos a utilização de materiais, estaremos economizando dinheiro e deixando de produzir mais lixo no futuro, com aquele material não utilizado.

Reutilizando, além de economizar, estamos dando nova vida ao material que seria jogado fora e transformado em lixo. Economia de dinheiro e preservação da natureza.

E a reciclagem, para mim o mais importante, por meio da qual transformamos o lixo em matéria-prima para produção de coisas úteis novamente.

Os profissionais devem ter a consciência de que devem se preocupar com o resultado do seu trabalho não só do ponto de vista comercial, financeiro, mas também do ponto de vista ecológico.

Ao produzir resíduos, sejam orgânicos ou inorgânicos, a preocupação em separá-los para uma possível reciclagem ou outra destinação técnica deve estar presente todos os dias e em todas as suas atividades, pois só assim estaremos construindo um futuro melhor e melhorando nossa imagem comercial e pessoal.

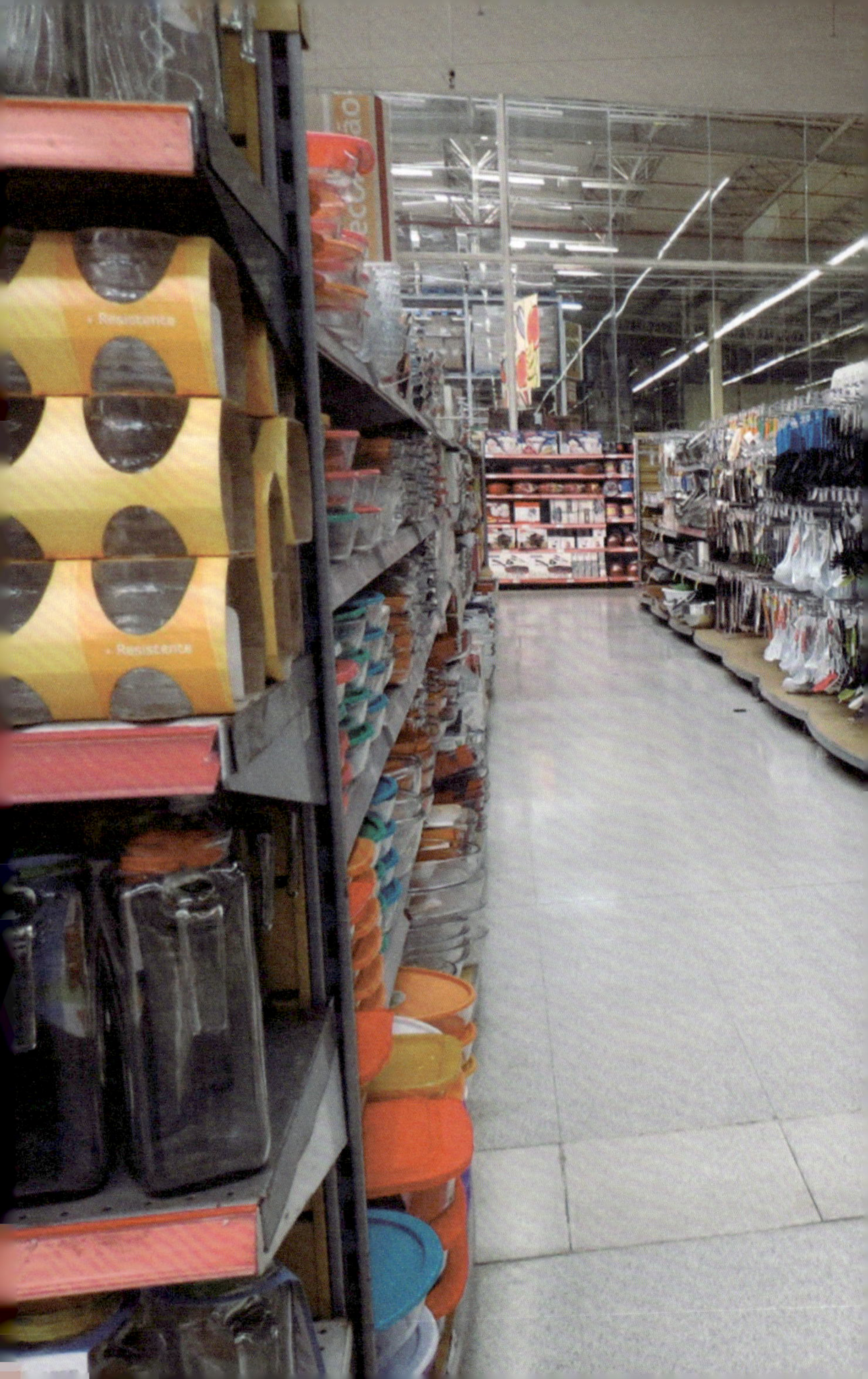
Resistente

GLOSSÁRIO

Este banco de dados, disposto em ordem alfabética, tem por objetivo mostrar o significado de algumas palavras ou expressões utilizadas no livro e no mercado, e dizem respeito ao meio supermercadista.

PALAVRAS	SIGNIFICADOS
ABASTECER	Colocar os produtos nas gôndolas, prateleiras, ilhas ou quaisquer outros pontos de exposição na loja.

AÇÕES PROMOCIONAIS	Atividades destinadas a promover produto ou marca, no cliente em que se está trabalhando, ou outras situações em que a empresa tiver interesse: Exemplo: "Pague dois e leve três" ou "Compre um item e ganhe outro".
ACONDICIONADOS	Produtos acondicionados são aqueles colocados, de forma ordenada ou não, em alguma gôndola, prateleira ou outro lugar da loja.
AGRUPAMENTO PRODUTOS E MARCAS	É quando se colocam nas prateleiras os produtos em grupos, que podem ser por tipo de produto ou marca. Quando é por tipo de produto, colocam-se todas as marcas juntas naquele espaço. E quando é por marca, colocam-se todos os produtos de cada uma das empresas, independentemente dos produtos. Ou seja, agrupam-se os produtos iguais, ou agrupam-se as marcas dos produtos.
ÁREA DE VENDAS	Toda área de um supermercado destinada à exposição de produtos para vendas, visitada pelos consumidores.
AUTOMATIZAÇÃO	Técnica de tornar os trabalhos mecanicamente independentes, ou seja, trabalhos que tenham ações repetitivas são automatizados mecanicamente, dispensando as atividades manuais.
BENEFÍCIOS	São as facilidades e boas coisas oferecidas pelos produtos. Exemplos: modo de preparo, sabor, aroma, textura etc.
BOLOR	Mofo, vegetação que se desenvolve sob a ação do calor e umidade sobre matérias orgânicas em decomposição.
BONIFICAÇÃO	Forma de reparar algum prejuízo ou repasse de valores para um mercado, numa comercialização. Exemplo: um fornecedor "alugou" determinado espaço de área na loja, para expor e vender seus produtos. O cliente pediu o valor correspondente em produtos. Então esse pagamento será feito como bonificação.
CÂMARAS	Compartimentos fechados, equipados com aparelhos de refrigeração, destinados a guarda e armazenagem de frutas e verduras refrigerados, ou congelados com uma temperatura muito mais baixa. Podem ser câmaras para refrigerados ou câmaras para congelados.
CARACTERÍSTICAS	Formas em que se apresentam seus produtos. Exemplo: "Aveia *in natura* fechada em saco plástico impermeável, embalada com caixa de papelão especial." "Caixa de transporte com 12 unidades".
CARRINHO	Veículo utilizado para transporte de mercadorias dentro das lojas. Pode ser um carrinho de supermercado (comum), ou pode ser um carrinho maior ou menor – enfim, diferenciado –, para uso exclusivo da loja, e não para clientes.

CHECKOUT	Locais nos mercados onde são passadas as compras dos clientes, para conferência e pagamento, também chamados de "caixas".
CLIENTE	Pessoa física ou jurídica que é atendida por um fornecedor e produto ou serviço, podendo ele ser ou não consumidor final (veja Consumidor).
COMÉRCIO VAREJISTA	Empresas que comercializam seus produtos no mercado de varejo, ou seja, venda de diversos produtos por unidades e em pequena quantidade.
CONCORRENTES	Diversos fornecedores de produtos e ou serviços equivalentes, que competem entre si pelos mesmos clientes ou espaço no mercado.
CONSUMIDOR FINAL	É aquele que irá se utilizar ou consumir efetivamente um determinado produto. Segundo o Código de Proteção e Defesa do Consumidor, "o consumidor é toda pessoa física ou jurídica que adquire ou utiliza produto ou serviço como destinatário final".
CONTAMINAÇÃO	É a transferência de micro-organismos de um corpo ou local, para outro corpo ou local. Esses micro-organismos podem causar doenças ou não. Tudo vai depender do seu tipo e da quantidade. Podem ser bactérias, fungos, protozoários etc. Pode-se também contaminar alimentos com produtos químicos, como solvente, álcool, sabão etc.
CUSTO OPERACIONAL	Quando se executa uma determinada operação, tem-se um custo. Esse custo é orçado com todas as suas variáveis. Exemplo: Para um trabalho especial, contrata-se um funcionário. Devem-se calcular salário, alimentação, transporte, encargos, etc. Aí se calcula todo o processo, como materiais, locais, acessórios, material promocional, transporte, enfim, tudo o que envolva a operação.
DECOMPOSIÇÃO	Estragar, desintegrar, modificar para pior. Um produto, quando se decompõe, apodrece, estraga. Um dos primeiros sintomas é o cheiro, que é bem característico.
DEGUSTAÇÕES	Ato de fazer com que o consumidor final prove determinado produto. Esse trabalho é feito pelas demonstradoras, que, além de servir, falam sobre as características, vantagens e benefícios do produto apresentado.
DEMANDA	Quando se fala que um determinado produto tem demanda, se quer dizer que aquele produto tem consumidores que irão comprá-lo. Nível de demanda é igual à capacidade de compra, consumo.
DEPARTAMENTO DE LOJA	Uma loja é dividida em alguns departamentos que são constituídos de várias seções. Exemplo: o Departamento de Perecíveis tem a Salsicharia, o Açougue, a Peixaria etc. que são seções e que compõem o departamento.

DINAMISMO	Energia em atividade. Atividade contínua. Uma atividade dinâmica é uma atividade que exige muita energia para ser exercida.
DISTRIBUIDOR	Empresa fornecedora encarregada de fazer a distribuição dos produtos de um ou mais fabricantes, numa determinada região. A distribuição envolve a comercialização, a entrega e a cobrança dos produtos aos clientes.
EMBALAGEM DE TRANSPORTE	É um tipo de embalagem destinada a proteger os produtos nos transportes desde a fábrica até a exposição desses produtos nos supermercados.
EMPRESAS PESQUISADORAS	Empresas particulares que têm por objetivo monitorar, por meio de pesquisas, os mercados de inúmeros setores, depois vender os resultados às empresas interessadas. Em vez de uma empresa ir de loja em loja, para contar e medir os produtos e seus espaços ocupados nas lojas, ela compra o resultado das pesquisas já feitas e tem o mesmo resultado, com menor custo e mais rapidez.
ENCALHE	Produto que foi vendido ao cliente (supermercado) e, por alguma razão, não foi vendido. Diz-se que o produto acabou "vencendo" no mercado (na verdade, teve o prazo de validade vencido, terminado).
ENCARTE	Folhas impressas volantes ou cadernos como suplemento em revistas, jornais, listas telefônicas e outros. Impressos que são colocados junto de outras publicações, para aproveitar a distribuição e reduzir custos, direcionando ao mesmo público alvo dos impressos principais.
ENTREGADORES	Funcionários dos fornecedores, encarregados de levar e entregar os produtos solicitados por meio dos pedidos feitos pelos vendedores para determinada loja.
EPI	Equipamento de Proteção Individual. São equipamentos de proteção ao trabalhador que esteja exposto a trabalhos que, de alguma forma, o coloca em situação de risco de acidentes. Esses equipamentos são fornecidos e custeados pelas empresas empregadoras.
EPC	Equipamentos de Proteção Coletiva. São equipamentos utilizados por várias pessoas e também são fornecidos pelos empregadores, sem custos para os empregados.
ESTRUTURA ORGANIZACIONAL	Organização das partes de um sistema que caracteriza o conjunto da empresa. É como a empresa está organizada formalmente, as divisões, os departamentos, as seções, os cargos e as funções.
EXPOSIÇÃO	Ato de colocar os produtos ou serviços à vista, para visitação e/ou aquisição. Quanto mais técnica for essa exposição, melhores resultados em vendas terão seus produtos.

FATIADEIRA	Máquina utilizada para fatiar frios, como queijo, presunto, mortadelas e outros.
FIDELIZAÇÃO	Todo cliente supermercadista precisa necessariamente atender ao seu cliente consumidor final. Quando você, na condição de fornecedor, o atende de maneira que ele se sinta seguro para não comprar mercadorias de outra fonte, então você o fidelizou. Essa parte é mais fácil do que manter a fidelização por todo o tempo.
FIFO	Sigla em inglês utilizada em administração de materiais, formada pela expressão *First In, Firt Out*, que, traduzida, significa: é o Primeiro que Entra, é o Primeiro que Sai (podendo também ser usada a sigla em português, PEPS). Usamos esse termo também quando organizamos alguns produtos na prateleira de um supermercado, e os colocamos em ordem de data, do fundo da prateleira para fora, colocando sempre a data mais nova atrás do produto mais velho. Também usamos o termo PVPS para a mesma técnica, que quer dizer o P rimeiro que Vence é o Primeiro que Sai.
FISSURAS	Pequenas rachaduras nas tintas das paredes internas das latas, embalagens utilizadas para armazenar alimentos ou outros produtos.
FOLDER	Caderno de produtos em oferta ou promoção de um fornecedor ou loja, utilizado para atrair os consumidores para a compra. Podem ser distribuídos nas vias públicas ou enviados pelo correio.
FORNECEDOR	Fornecedor é aquele que vende produtos e serviços aos clientes. O Código de Proteção e Defesa do Consumidor diz que "fornecedor é toda pessoa física ou jurídica, pública ou privada, nacional ou estrangeira, bem como os entes despersonalizados, que desenvolvem atividade de produção, montagem, criação, construção, transformação, importação ou exportação, distribuição ou comercialização de produtos ou prestação de serviços".
GÔNDOLA	Móvel com conjunto de prateleiras ou gancheiras superpostas, com faces para quatro lados, quando completas, utilizadas para exposição de produtos numa loja de supermercado.
ILHAS	Ponto de venda específico numa loja, que pode ser para produtos secos, resfriados, congelados e outros, que quando expostos parecem "ilhados", dando uma boa apresentação para os produtos.
INCREMENTAR	Crescer, melhorar, desenvolver, aumentar. Quando se fala em incrementar as vendas, se diz melhorar as vendas.

ÍNDICES DE PARTICIPAÇÃO DE MERCADO	Índice percentual de participação de mercado é a parte proporcional calculada de participação de um produto ou empresa, medida em porcentagem, em relação aos produtos ou empresas concorrentes no mercado.
INFECÇÃO	Doença causada por micro-organismos patogênicos, que podem ser bactérias, vírus, ou fungos.
INICIATIVA	É uma qualidade de quem age espontaneamente, normalmente antes que os outros. Ter iniciativa é quando, ao se perceber alguma necessidade, faz-se algo de forma imediata, sem esperar a intervenção de outros.
ITEM DE CADASTRO	A grande maioria das empresas tem uma relação de produtos de cada um dos seus fornecedores, para que se possa controlar suas entradas e saídas. Item de cadastro é um determinado produto relacionado em seus arquivos.
LABORATÓRIO	As empresas que trabalham com algum elemento químico, alimentício ou não, quando necessário, têm em suas indústrias um laboratório, para análises químicas nos seus produtos, visando controlar o padrão de qualidade no processo fabril.
LAYOUT	Planta baixa, ou desenho da distribuição das seções de uma loja, ou de dos produtos numa gôndola ou prateleira. É o projeto de algum trabalho, expressado em um desenho.
LAYOUTIZAÇÃO	Elaborar o projeto da distribuição das muitas partes de um trabalho, colocando-os em desenho.
LEITORA ÓTICA	Equipamentos que estão à disposição dos clientes, em muitas lojas, para que se faça a conferência dos preços ou das características dos produtos. Também estão nos caixas, onde são passados os produtos para dar baixa no estoque e registrar os valores das compras. Também estão nos depósitos para entrada e conferência dos produtos que chegam às lojas.
LIFO	Sigla em inglês composta a partir da expressão *Last In, First Out*, que, traduzindo, quer dizer: o Último que Entra é o Primeiro que Sai. Essa técnica é usada em administração de materiais pelo pessoal de entrega. A última carga colocada no caminhão será a primeira a ser retirada para entrega. Em português, a sigla é UEPS.
LOGÍSTICA REVERSA	Atividade que consiste na devolução dos produtos inservíveis que, de alguma forma, prejudicam a natureza. É por meio da logística reversa que baterias, pneus de carros, lâmpadas, entre outras coisas, são devolvidos aos fabricantes, para que tenham uma destinação ecologicamente correta.

MATERIAL DE MERCHANDISING	São várias peças utilizadas para trabalhar nas promoções dos produtos nos mercados, nas lojas, nas degustações, nos trabalhos especiais etc. São os cartazes, expositores, aparadores, entre outros. Podemos chamá-los também de MPV, Material de Ponto de Venda.
MIX	Conjunto de produtos de uma empresa para venda, ou conjunto deles para venda numa loja de supermercado. Um fornecedor pode ter um *mix* de produto em um determinado cliente e ter outro diferente em outro cliente. *Mix* não significa a totalidade de produtos de uma indústria ou loja.
MONITORAMENTO	Acompanhamento, supervisionamento. Ato de acompanhar o mercado, no todo ou em parte, por uma pessoa ou empresa, com um objetivo específico.
PADRONIZAÇÃO	Processo de unificação de procedimentos numa organização. Quando a empresa define a melhor maneira de ser executada uma determinada atividade, esta é padronizada, para que todos os funcionários a façam da mesma maneira.
PALETE	Plataforma de madeira tipo estrado, utilizada para transporte de mercadorias ainda embaladas em caixa de transporte, em blocos.
PALETEIRA	Veículo mecânico, com garfos na dianteira, usado para erguer e transportar os paletes carregados de mercadorias nos depósitos.
PANFLETAGEM	Distribuição de panfletos, com ou sem abordagem do assunto contido no impresso, dentro ou fora das lojas de supermercados. Geralmente é feita pelas demonstradoras, nas lojas dos clientes, às vezes acompanhada de degustação.
PARADIGMA	Modelo, padrão, norma. Conjunto de formas flexionadas de uma palavra, tomando como modelo.
PARCERIA	É um acordo, formal ou não, entre duas ou mais pessoas físicas ou jurídicas, com um objetivo comum. Num supermercado, usa-se de parceria para confecção dos jornais ou cadernos de ofertas que são distribuídos.
PERCENTUAIS DE LUCRO	Parte proporcional do lucro calculado, medida em porcentagem. Exemplo: Sua empresa obteve cerca de 12% de lucro bruto no último bimestre.
PERECÍVEIS	São alimentos que deterioram, estragam, vencem, alteram suas características com muita rapidez. Os alimentos perecíveis exigem cuidados especiais.
PLANEJAMENTO	Traçar ou fazer um plano de trabalho. Preparar um objetivo. Tudo o que se faz com planejamento gera melhores resultados.

PLANO DE CARGOS E SALÁRIOS	Documento interno da empresa no qual estão elaboradas as formas de distribuição das funções dos cargos, as promoções de cargos e/ou salários, a carreira e as condições (ou pré-requisitos) para que elas ocorram.
POLÍTICAS EMPRESARIAIS	Forma ou maneira de conduzir os negócios. Cada empresa tem a sua, e não é aberta a pessoas de fora da organização.
PONTAS DE GÔNDOLAS	São as partes extremas das gôndolas, nas quais sempre são colocados produtos em promoção especial. Os clientes já estão acostumados a procurar bons produtos e preços nas pontas; por isso deve-se dar atenção especial a elas.
PONTO DE VENDAS	São os espaços físicos das lojas dos supermercados, previamente determinados, destinados a exposição e vendas dos produtos.
PONTO EXTRA	Locais onde se colocam produtos, além dos lugares já estabelecidos para estes. Exemplo: aparelhos de barba que estão na seção de higiene também são colocados nos *checkouts*.
PRATELEIRAS	Tábuas das gôndolas, dispostas horizontalmente, usadas para exposição dos produtos.
QUEIMAR LOTE DE PRODUTO	Liquidação. Venda do lote do produto a preço baixo, geralmente não praticado em condições normais.
RCA	Representante Comercial Autônomo. São pessoas físicas ou jurídicas contratadas para vender, entregar, representar a empresa, numa determinada região, perante um grupo de clientes.
RECEBEDOR	Funcionário responsável pelo recebimento dos produtos comprados pela loja, que são entregues pelos fornecedores.
RESTOS PROFISSIONAIS	Caixas de papelão abertas e vazias, pedaços de fitas gomadas, retalhos de papel, papelão, plástico, migalhas de alimentos, ou outras frações que ficam nos locais onde se manipulam e se abastecem os produtos na loja.
RESULTADOS NUMÉRICOS	Podem ser índices percentuais de participação ou valores monetários, que são os resultados dos cálculos das vendas.
RODÍZIO	É o mesmo que FIFO, PEPS ou PVPS, ou seja, colocar os produtos com data de vencimento mais velha na frente daqueles com datas mais novas, para que o mais velho saia primeiro e não vença na prateleira.
ROTEIRISTA	Promotor de vendas que cumpre o determinado num documento chamado de roteiro de visitas aos clientes.

ROTEIRO DE VISITAS	Roteiro de visitas é um documento elaborado pela empresa, para o promotor de vendas, no qual constam nomes e endereços dos clientes, dias da semana a serem visitados e quantidade de horas a serem trabalhadas em cada um deles.
SEGMENTOS DE MERCADO	Cada uma das partes de um mercado. A segmentação pode ser geográfica, demográfica, psicológica ou comportamental. Cada uma dessas tem suas variáveis.
SERVIÇOS TEMPORÁRIOS	Quando uma atividade é contratada para a execução em um determinado espaço de tempo, geralmente calculado em até seis meses. Não tem caráter definitivo.
SETOR DE LOJA	Parte de um departamento de uma loja.
SUGESTÕES DE PEDIDOS	Ou pré-pedido. Sugestão de compra que o promotor faz para o comprador da loja, com a intenção de facilitar sua decisão na hora de fechar o pedido com o vendedor.
SUPÉRFLUOS	Aquilo que é demasiado, excedente, desnecessário.
TABELA CHEIA	Quando uma empresa fornecedora monta uma tabela de preços, ela classifica essa tabela em várias colunas de descontos, usando uma coluna de desconto específica para cada tipo de cliente. Exemplo: um cliente que compra mil caixas de um produto terá um desconto maior do que outro que compra apenas dez daquele mesmo item. No caso da tabela cheia, usa-se o preço total do item, sem nenhum desconto.
TERCEIRIZAÇÃO	Atividade da empresa ou serviço contratado entre duas partes, quando é executado por um terceiro, podendo ser pessoa física ou jurídica.
TRABALHOS ESPECIAIS	Tarefa executada que não é comum. Trabalho específico e diferenciado, para um determinado fim.
VANTAGEM (no produto)	Algo mais em seu produto em relação aos outros. Exemplo: macarrão vitaminado, precisa menos tempo e água para preparar. Massa de tomate com 100g a mais, pelo mesmo preço dos outros etc.
VIDA ÚTIL	Tempo de validade de um produto, quando este pode ser consumido ou utilizado sem causar danos materiais, à vida ou à saúde dos consumidores.

49,90 49,90 39,99

64,99

149,99 109,99

79,95

REFERÊNCIAS

ALLARCON, Maurício. *Além das gôndolas*. 2. ed. Brasília: Senac, 2009.

_____. *Ao lado das gôndolas*. Brasília : Senac, 2015.

ASSOCIAÇÃO DOS ARQUIVISTAS BRASILEIRA. *Dicionário de terminologia arquivística*. São Paulo, 1997.

BRASIL. Ministério da Justiça. *Código de Proteção e Defesa do Consumidor*. Brasília, 1998.

CAMPOS, Vicente Falconi. *TQC*: controle da qualidade total (no estilo japonês). Rio de Janeiro: Bloch, 1992. 230 p.

COBRA, Marcos. *Ensaio de marketing global*. São Paulo: Cobra, 1995.

DI PIETRO, Maria Sylvia Zanella. *Direito administrativo*. 19. ed. São Paulo: Atlas, 2006.

FRANCO SOBRINHO, Manoel de Oliveira. *O princípio constitucional da moralidade administrativa*. Curitiba: Genesis, 1993.
HARGREAVES, Lourdes; ZUANETT, Rose; LEE, Renato. *Qualidade em prestação de serviços*. 2. ed. Rio de Janeiro: Senac, 2001.
KOTLER, Philip. *Administração de marketing*. São Paulo: Atlas
LACERDA, Leonardo. *Logística reversa*: uma visão sobre os conceitos básicos e as práticas operacionais. Rio de Janerio: Centro de Estudos em Logística/UFRJ , 2002
LAROUSSE CULTURAL. *Dicionário da língua portuguesa*. São Paulo: Nova Cultural, 1999 .
LEAL, José Eugenio. *Logística reversa*: conceitos e componentes do sistema. Rio de Janeiro: Departamento de engenharia Industrial/ PUC, 2002.
LEITE, Paulo Roberto. *Logística reversa*: nova área de logística empresarial. 2002.
_____. *Logística reversa*: meio ambiente e competitividade. 2003.
LOBOS, Júlio. *Qualidade através das pessoas*. São Paulo: Hamburg, 1991.
MODESTI, Renzo. *Che cos'è la publicità?*: suoi problemi e scoppi nella moderna civiltà dei consumi. Milão: Etas Kompass, 1968.
MOURA, Moacir. *Manual do vendedor lojista*. Curitiba: Kingraf. s.d.
OLIVEIRA, Juarez de. *CLT*: Consolidação das Leis do Trabalho. São Paulo: Saraiva, 1994.
PIZZOLATO, Nélio Domingues. *Logística reversa*: conceitos e componentes do sistema. Rio de Janeiro: Departamento de engenharia Industrial/PUC, 2002.
PONTELO, Juliana F.; CRUZ, Lucineide A. M. *Gestão de pessoas*. 8. ed. Brasília: Senac.
RATTO, Luiz; LANDI, Ana Cláudia. *O trabalho no supermercado*. São Paulo: Senac, 2006.
RODRIGUES, Francisco Flávio de A.; KOFF, Adélia Maria N. S.; NEVES, Maria Cristina B. *Administração mercadológica*. Rio de Janeiro: Senac, 1998.
SIMÕES, Roberto. *Iniciação ao marketing*. São Paulo: Atlas, 1972.

Tipografia: Palatinmo Linotype
Myriad pro
Papel: Offset 85g/m²
Impressão: Teixeira Gráfica